Marc Aurele Djoko

Devenir un disciple de Jésus affermi sur le roc

Marc Aurele Djoko

Devenir un disciple de Jésus affermi sur le roc

Placer de bonnes fondantions pour remporter la victoire et accomplir sa destinée en Christ.

Éditions Croix du Salut

Imprint

Cover image: www.ingimage.com

Publisher:
Éditions Croix du Salut
is a trademark of
Dodo Books Indian Ocean Ltd., member of the OmniScriptum S.R.L Publishing group
str. A.Russo 15, of. 61, Chisinau-2068, Republic of Moldova Europe
Printed at: see last page
ISBN: 978-620-3-84177-0

DEVENIR UN DISCIPLE DE JÉSUS AFFERMIS SUR LE ROC

Préface:

Plusieurs enfants de Dieu viennent à Christ ou alors naissent dans des familles chrétiennes mais n'expérimente pas vraiment la plénitude de la divinité qui doit être leur partage (Colossiens 2:9). L'étappe la plus dure dans notre marche avec Christ n'est pas toujours la nouvelle naissance. Selon la parabole du semeur(Mathieu 13), il est dit que plusieurs recoivent la parole au début avec joie, c'est à dire qu'ils naissent de nouveau, accepte de ce repentir, mais pour que la parole prenne racine dans leur coeur est tout un autre challenge, car il est aussi dit que lorsqu'une tribulation arrive à cause de la parole, plusieurs abandonnent le chemin. Le chemin vers le discipolat est un chemin resérré et peu de personnes arrivent à le mener à bien. Moi personnelement, j'ai vécu plusieurs expériences de la sorte ou des personnes commencent bien le chemin mais ensuite à cause de l'amour du monde ou même des choses légitimes comme avoir un nouveau travail, une femme, des projets personnels, l'amour des personnes ... se retrouvent entrain d'abandonner le chemin. Comme un édifice a besoin d'une stabilité et pour avoir cette stabilité, il est nécessaire que cet édifice puissent avoir de bonne fondations, j'ai eu à coeur d'écrire cette ouvrage pour aider des nouveau convertis à mettre de solide fondations qui leur permettront de tout surmonter et de rester fidèle jusqu'a la fin et de combattre le bon combat de la foi. Cette ouvrage est une combinaison de mes expériences après avoir commencé le chemin du discipolat avec Christ et le désire de mon coeur est qu'a travers cet ouvrage vous apprenez comment amorcer ce chemin avec sagesse, être encourager tout au long de votre marche avec le Seigneur !

TABLE DE MATIÈRE :

I. Introduction

Chaque chrétien doit prendre conscience que c'est pas un automatisme de devenir un disciple lors de notre nouvelle naissance. Nous devons devenir disciple de Jésus.

Luc 6:40 " **Le disciple n'est pas plus que le maître; mais tout disciple accompli sera comme son maître** "

Un disciple rapproche sa vie de celle de son maître. Si on revient sur le mandat que Jésus a donné à ses disciples en s'en allant :

Mathieu 28:19-20 "Allez, faites de toutes les nations des disciples, les baptisant au nom du Père, du Fils et du Saint-Esprit, et enseignez-leur à observer tout ce que je vous ai prescrit. Et voici, je suis avec vous tous les jours, jusqu'à la fin du monde ".

Selon l'évangile de Mathieu , Jésus envoie ses apôtres pour :

- Faire de toutes les nations ses disciples
- Les baptiser au nom du Père , du Fils et du Saint Esprit
- Les enseigner ce qui leur est prescrit.

Par contre , dans l'évangile selon Marc , il est dit :

Marc 16:15-16 " Puis il leur dit: Allez par tout le monde, et prêchez la bonne nouvelle à toute la création. Celui qui croira et qui sera baptisé sera sauvé, mais celui qui ne croira pas sera condamné. ".

L'Évangile selon Marc fait allusions à ses deux choses :

- Prêcher la bonne nouvelle
- Celui qui croira et se fera baptisé sera sauvé .

Le dénominateur commun est l'annonce de l'évangile dans les deux textes. Par contre , Mathieu fait allusion à faire des disciples alors que Marc fait allusion à faire des croyants c'est à dire des personnes sauvées. Cela peut nous sembler être la même chose. Mais lorsqu'on étudie les deux choses en profondeur, on se rend compte qu'il y'a une énorme différence.

Paul nous dit dans **1 corinthiens 13 :13 "Maintenant donc ces trois choses demeurent: la foi, l'espérance, la charité; mais la plus grande de ces choses, c'est la charité. "**

- La Foi fait référence à croire à ce qu'on a entendu.
- L'espérance fait référence à persévérer dans ce qu'on a entendu en gardant la bonne attitude car on connait la promesse qui nous attend à la fin.
- La charité (manifestation de l'amour) fait référence à manifester le caractère de Dieu.

Jean dit dans **1 jean 4:8 "Celui qui n'aime pas n'a pas connu Dieu, car Dieu est amour".**

Paul précise bien que la charité est la chose la plus grande de ses trois choses c'est à dire le caractère que l'on manifeste une fois qu'on a touché Dieu.

Allons plus loin dans l'ancien testament, lorsque Dieu demanda à moise de construire le tabernacle , lieu ou Dieu rencontrait son peuple, Dieu lui demanda de le faire en trois parties : **Le parvis , le lieu Saint et le lieu très Saint** .

- Le Parvis était la cour du Tabernacle et sur cette cour se trouvait l'autel des sacrifices. C'était une loi , toute personne devait apporter un sacrifice pour se présenter devant l'Éternel.
- Le lieu Saint : Dans ce lieu , il se faisait plusieurs services du Seigneur , et c'est aussi la que se trouvait le chandelier d'or.
- Le Lieu très Saint : C'est le lieu ou seul le souverain sacrificateur avait accès une fois par an. Là ce trouvait l'arche de l'alliance de Dieu avec son peuple. Le souverain sacrificateur entrait avec le sang des sacrifices et le versait sur le propitiatoire(coucercle de l'arche), et la gloire de Dieu apparaisait, symbole que Dieu a pardonné les péchés des hommes.

Ceci nous montrait une image du chemin que l'Homme devra emprunter pour arriver dans la présence du Dieu très Saint. L'on peut donc observer ceci :

- La foi = Le parvis
- L'espérance = Le lieu Saint
- La Charité = Le lieu très Saint

De même, de part la position sur laquelle nous sommes , nous pouvons connaitre notre identité .

- La foi = Le parvis = Le croyant
- L'espérance = Le lieu Saint = Le disciple
- La Charité = Le lieu très Saint = L'intime ou l'épouse.

Nous allons revenir en détails sur ces points plus loin. Le but de ce livre est de nous faire passer d'un Croyant à un disciple . Il y'a des différences entre les deux au niveau de sa consécration, son service son héritage ... .

II. DEVENIR UN DISCIPLE DE JÉSUS

De part la définition , un disciple est une personne qui recoit l'enseignement d'un maître , qui fait partie de son école : élève , ou alors Personne qui suit l'exemple de quelqu'un qu'il considère comme son maître à penser, qui adhère à une doctrine, une conception... On comprend que pour être disciple il faut vraiment calquer sa vie suivant le modèle de la vie de Jésus .

On pourrait maintenant se poser la question , que faisait Jésus ? À quoi devrons nous le ressembler. Les actions de Jésus sont vraiment nombreuses dans la Bible. S'il faut les citer, cela remplirai tout un livre. Mais ici, je désire citer quelques actions qui nous conduira à solidifier notre vie de disciple.

1. Le caractère de Jésus qu'un disciple doit adopter

Luc 4:18-19 **"L'Esprit du Seigneur est sur moi, parce qu'il m'a oint pour annoncer une bonne nouvelle aux pauvres; Il m'a envoyé pour guérir ceux qui ont le coeur brisé, Pour proclamer aux captifs la délivrance, Et aux aveugles le recouvrement de la vue, Pour renvoyer libres les opprimés,Pour publier une année de grâce du Seigneur"** .

Ce passage précédent nous montre la mission de Jésus sur la terre , le pourquoi il est là . La vie de Jésus avait déjà été écrites et prophétisée par les prophètes, car la vie de chaque homme est des projets que Dieu a écrit d'avance selon Jérémie 29:11. Le Prophète Esaie l'avait prophétisé dans Esaie 61 et cela était l'accomplissement.

De ce passage , l'on peut tirer qu'un disciple doit se rassurer qu'il vit dans la vision ou dans les projets de Dieu. C'est la le premier exercice . Plutard , quand Jean Baptiste va envoyé ses disciples demander s'il est vraiment celui qui devrait venir, Jésus ne va pas répondre directement, mais va dire „ Allez rapporter à Jean ce que vous voyez, les boiteux marchent, les aveugles voient et la bonne nouvelle est prêchée" pour dire qu'il est sa vision, si l'on ne voit pas ce qui est prophétisé sur lui c'est que c'est pas Lui. Mais si on le voit ,alors l'on sait qu'Il est celui dont les prophètes ont parlé. Chaque disciple devrait avoir une vision sur laquelle on le reconnait. Le terme vision va être développé plutard. Jésus dit de même dans Jean 10 :37 " Si je ne fais pas les oeuvres de mon Père, ne me croyez pas"

Luc 4:31-32 **" Il descendit à Capernaüm, ville de la Galilée; et il enseignait, le jour du sabbat.On était frappé de sa doctrine; car il parlait avec autorité. "**

Parfois nos messages manquent de puissance, car il nous manque cette autorité qui accompagnait les enseignements de Jésus. Pour être disciple , nous avons besoin d'une autorité spirituelle que nous donne Dieu. Sans cette autorité, notre message va rester sans puissance et n'aura pas grand effet sur les coeurs des personnes. Notre discours sera comme un simple cours d'histoire. Tout comme dans notre societé, lorsque tu veux ouvrir un restaurant ,même si tu sais très bien préparer , tu as besoin d'une autorisation des „Autorités" de la ville. De même , pour opérer dans le royaume de Dieu à la dimension de disciple , il nous faut une autorité venant de Dieu lui même. Dans ce livre on parlera de comment recevoir cette autorité.

Luc 4: 35 "Jésus le menaça, disant: Tais-toi, et sors de cet homme. Et le démon le jeta au milieu de l'assemblée, et sortit de lui, sans lui faire aucun mal.

Chasser les démons est une oeuvre que Jésus a commencé sur cette terre et en tent que disciple nous devons l'exercer. Quand Il montera au ciel, Il dira „ Voici les miracles qui accompagneront ceux qui ont cruent , ils chasseront les démons en mon nom ..". C'est un héritage des croyants ..

Luc 5:20 "Voyant leur foi, Jésus dit: Homme, tes péchés te sont pardonnés. "

Cette phrase a suscité le trouble parmi les scribes du temple et je dirai même qu'aujourd'hui elle crée toujours un trouble dans certaines églises. Pourquoi en réalité cela crée du trouble ?

Dans la loi de moise, un pêché ne pouvait être couvert qu'après un sacrifice d'animal fait sur l'autel des sacrifices , La loi décrivait même comment on devrait se comporter pour plusieurs pêchés. Donc selon la loi seul Dieu peut pardonner le pêché. Mais ce que ne comprenaient pas les scribes c'est qui était devant eux et ce qui avait été prophétisé sur lui . En effet , dans **Ésaie 53:11 "A cause du travail de son âme, il rassasiera ses regards; Par sa connaissance mon serviteur juste justifiera beaucoup d'hommes, Et il se chargera de leurs iniquités.**" Les scribes n'avaient donc pas tenu compte de tous les écritures mais ils s'appuyaient juste sur la loi de moise. C'est exactement ce qui nous arrivent constament aujourd'hui. On appuit notre doctrine sur un verset ou un passage de la Bible au lieu d'appuyer notre doctrine sur Dieu lui même. En effet, Jésus dans son ministère, Il devait pardonner les pêchés comme l'on annoncé les prophètes . De même , Jésus après avoir donné le Saint Esprit aux disciples , Il leur dit dans **Jean 20 :23 „Ceux à qui vous pardonnerez les péchés, ils leur seront pardonnés; et ceux à qui vous les retiendrez, ils leur seront retenus.**". Un disciple peut pardonner les péchés.

Luc 6: 13 "Quand le jour parut, il appela ses disciples, et il en choisit douze, auxquels il donna le nom d'apôtres "

Un disciple, c'est celui qui forme aussi d'autres disciples ou alors forme la relève pour qu'a son départ l'oeuvre commencée continue.

Jean 15:13 "Il n'y a pas de plus grand amour que de donner sa vie pour ses amis. "

L'amour peut aller jusqu'a donner sa vie entière pour les autres. C'est d'aileurs ce que Jésus lui même a fait nous montrant ainsi le véritable amour sans tâche.

Jean 4:34 "Jésus leur dit: Ma nourriture est de faire la volonté de celui qui m'a envoyé, et d'accomplir son oeuvre. "

Un disciple doit être alimenté par un désir de plaire à Dieu , cherchant sa volonté chaque jour afin de l'accomplir. Ici Jésus précise que c'est là sa nourriture. On sait que l'on mange chaque jour, de même le disciple ne peut passer un jour sans chercher à plaire à son maitre.

2. *Comment devenir un disciple de Jésus*

Une chose qui se passe généralement , c'est de croire que lorsqu'on est né de nouveau on est automatiquement disciple de Jésus. Ceci ne peut pas être vrai car comme dit dans la définition , un disciple suit son maitre, sa vie doit se conformer à son maitre. Pourtant l'acte „ Naitre de nouveau" n'est pas un acte que Jésus a fait sur cette terre car Lui Il n'a jamais péché et n'a eu besoin d'aucun pardon de péché. Bienque c'est par la que tout disciple doit commencer, à cette étappe nous ne sommes pas encore disciple, mais tout simplement croyant . Plutard , nous verrons comment l'on peut croire en un maitre sans le suivre.

Mathieu 16:24 "Alors Jésus dit à ses disciples: Si quelqu'un veut venir après moi, qu'il renonce à lui-même, qu'il se charge de sa croix, et qu'il me suive".

Dans ce verset , l'on note trois choses à faire :

- Renoncer à soi même : Car les plans de Dieu ne sont jamais comme ceux que nous même ont a écrit. Car notre intelligence est limité, cela entrainera que l'on fera des plans aussi limité sans tenir des facteurs très importants. Salomon dira dans **Proverbes 19:21 „Il y a dans le coeur de l'homme beaucoup de projets, Mais c'est le dessein de l'Eternel qui s'accomplit „**. La Jésus nous demande d'abandonner les projets que l'on a fait soi même , biensur pour dans la suite connaitre les projets qu'Il a pour nous.
- Se Charger de sa croix :Quand on entend croix , on pense directement à un fardeau. Une fois que l'on a renoncé à nous même , il nous faut nous charger d'un nouveau fardeau qui sont les projets que Christ à pour nous. Jésus dit dans Mathieu 11:29 „ Prenez mon joug, Porter mon fardeau.." . Cette acte consiste à déposer les fardeaux de notre vie sur Lui, pour se charger du nouveau fardeau qui est léger.
- Qu'il me suive : Parfois on néglige cette partie. Mais pourtant elle n'est pas négligeagle, car si on ne suit pas Jésus, Il n'est plus notre maitre et par conséquent on est plus son disciple.

Ces trois choses que nous venons de citer, un nouveau croyant (Quand il nait de nouveau) , n'a pas encore forcément fait ces pas. Or ils sont capitale pour devenir un disciple.

Luc 14:26 "Si quelqu'un vient à moi, et s'il ne hait pas son père, sa mère, sa femme, ses enfants, ses frères, et ses soeurs, et même sa propre vie, il ne peut être mon disciple".

A comprendre ce verset l'on pourrait penser que Dieu nous appele à détester nos parents ou notre famille . Dieu est celui qui a crée la famille donc en aucun cas son désire ne peut être de vouloir à nouveau détruire ce qu'Il a crée par sa sagesse infinie. Ici Dieu veut juste qu'on l'aime d'abord Lui le Dieu créateur de toutes choses avant d'aimer les autres. Le chemin inverse est l'idolatrie. Aimer déja quelqu'un ou quelque chose plus que Dieu c'est de l'idolatrie. Et un idolâtre ne peut devenir un disciple du Christ.

Luc 9: 59-62 "Il dit à un autre: Suis-moi. Et il répondit: Seigneur, permets-moi d'aller d'abord ensevelir mon père.Mais Jésus lui dit: Laisse les morts ensevelir leurs morts; et toi, va annoncer le royaume de Dieu.Un autre dit: Je te suivrai, Seigneur, mais permets-moi d'aller d'abord prendre congé de ceux de ma maison.Jésus lui répondit: Quiconque met la main à la charrue, et regarde en arrière, n'est pas propre au royaume de Dieu".

Ce passage nous enseigne quelque chose qui nous arrive souvent dans notre marche avec Christ „De regarder en arrière" . Tout comme le peuple d'israel dans le désert, devant les difficultés, vont dire „Retournons en Égypte" , regarder en arrière et croire que ce qui se passait avant était mieux que l'a ou le Seigneur nous amène.

La Bible nous dit aussi comment ont commencé les disciples lorsque Jésus leur a appelé. Ils ont dû renoncer à de nombreuses choses.

Luc 5:10-11 "Il en était de même de Jacques et de Jean, fils de Zébédée, les associés de Simon. Alors Jésus dit à Simon: Ne crains point; désormais tu seras pêcheur d'hommes. Et, ayant ramené les barques à terre, ils laissèrent tout, et le suivirent".

Simon , Jacques et Jean vont abandonner leurs parents et leurs métiers de pêcheurs, ce qui leur rapportaient de quoi vivre , pour suivre Jésus.

Mathieu 19:21 "Jésus lui dit: Si tu veux être parfait, va, vends ce que tu possèdes, donne-le aux pauvres, et tu auras un trésor dans le ciel. Puis viens, et suis-moi" .

Ici un Homme doit renoncer à toutes ses richesses pour pouvoir suivre Jésus.

Mathieu 6:33 "Cherchez premièrement le royaume et la justice de Dieu; et toutes ces choses vous seront données par-dessus" .

Être disciple exige de nous de changer nos priorités. Ici Jésus demande à ses disciples de chercher premièrement le royaume des cieux. Certes avant notre conversion et même juste après , le royaume des cieux n'est pas directement notre priorité. Mais pour un disciple cela doit l'être et ensuite viennent les autres choses.

III. LA VISION

De manière littérale vision vient du verbe voir . C'est à dire qu'est ce que l'on aimerait voir s'accomplir. Étant disciple de Jésus , l'on devrait se poser la question de savoir que veut accomplir le Seigneur Jésus à travers ma vie ? Il est très important d'avoir une réponse bien clair et précise à cette question . Nous devons prendre conscience que :

- Nous sommes limités et on ne peut pas faire tout à la fois. C'est vrai qu'on a un coeur d'amour et qu'on désire aider les autres , cependant il ne nous revient pas forcement d'être celui qui doit être devant partout. Comme exemple, nous prenons le cas de notre Seigneur Jésus, Il était le messie, le Fils de Dieu. Dieu par contre voulait accomplir quelque chose de bien précis avec sa vie. Il dit dans **Mathieu 15:24 " Il répondit: Je n'ai été envoyé qu'aux brebis perdues de la maison d'Israël "** . Sa mission était de chercher les brebis perdues en Israel uniquement. De même lorsque Jésus envoya ses disciples , Il leur dira **: Mathieu 10 : 5-6 " ...... N'allez pas vers les païens, et n'entrez pas dans les villes des Samaritains; allez plutôt vers les brebis perdues de la maison d'Israël ...".** A entendre ses paroles, on pourrait se dire que Dieu est juste le Dieu d'Israël . Pourtant ce n'est pas le cas . Dieu est bel et bien le Dieu de tous les hommes. C'est juste que Jésus avait un mandat précis du Père.
- **Proverbes 29:18 " Quand il n'y a pas de révélation, le peuple est sans frein ....".** Étant donné qu'on est limité, l'on doit prendre conscience qu'on ne peut pas faire toute idée qu'on a en tête, mais faire uniquement celle que le Père nous a revelé et attend de nous ! Si nous revenons à la base de l'Église, on se rendra compte que l'Église est batit sur une révélation, " Jesus est le Christ, le Fils du Dieu vivant ". De même l'Église doit s'entretenir des révélations. Jesus Christ avait une vision précise sur la terre . Elle avait été prophétisé par le prophète Ésaie dans Ésaie 61:1 et Jésus lui même va la repéter dans **Luc 4:18-19 "L'Esprit du Seigneur est sur moi, Parce qu'il m'a oint pour annoncer une bonne nouvelle aux pauvres; Il m'a envoyé pour guérir ceux qui ont le coeur brisé, Pour proclamer aux captifs la délivrance, Et aux aveugles le recouvrement de la vue, Pour renvoyer libres les opprimés,pour publier une année de grâce du Seigneur"** . Quelque chose de précis que le Père l'envoie faire sur la terre et le oint pour cela.

  Parfois nous pensons que Dieu ne donne plus les visions de nos jours ou alors que c'était pour les temps passés pourtant Dieu nous a promis de nous en donner des visions :

  Job 33:14-15 "Dieu parle cependant, tantôt d'une manière, Tantôt d'une autre, et l'on n'y prend point garde.Il parle par des songes, par des visions nocturnes, Quand les hommes sont livrés à un profond sommeil, Quand ils sont endormis sur leur couche" .

  Nombres 12:6 "Et il dit: Ecoutez bien mes paroles! Lorsqu'il y aura parmi vous un prophète, c'est dans une vision que moi, l'Eternel, je me révélerai à lui, c'est dans un songe que je lui parlerai".

  Jöel 2:28 "Après cela, je répandrai mon esprit sur toute chair; Vos fils et vos filles prophétiseront, Vos vieillards auront des songes, Et vos jeunes gens des visions".

1. Vision à court terme.

C'est généralement une image que Dieu nous montre pour nous parler , peut être sur nos choix , une direction précise ou en réponse à nos prières .
Job 33 : 15 – 18 " Il parle par des songes, par des visions nocturnes, quand les hommes sont livrés à un profond sommeil, quand ils sont endormis sur leur couche.
Alors il leur donne des avertissements Et met le sceau à ses instructions,afin de détourner l'homme du mal Et de le préserver de l'orgueil,afin de garantir son âme de la fosse et sa vie des coups du glaive". La vision et le songe peuvent se différencier de l'état du recepteur . Le songe est toujours lorsqu'on dors qu'on fait un songe alors qu'on peut avoir une vision même étant reveille. L'accent ici n'est pas de différencier les deux car dans les deux cas on a le même résultat : Une image que le Seigneur nous donne. On peut être acteur dans cette scène ou juste spectateur dépendant du message que Dieu veut nous faire passer .
Un exemple simple est la vision que Philippe eut avec l'eunuque éthopien raconté dans le livre des **Actes des apôtres 8:29 – 40**. Philippe avait une vision dans laquelle il devrait rencontre d'une personne , l'évangéliser , lui expliquer le texte d'Ésaie et ensuite le baptiser. Nous remarquons que dès que la mission est finie, Philippe fût enlevé et c'est terminée. De même la vision que pierre eut dans **Actes 10:9-16** était dans le but de l'amener à faire quelque chose de bien précis , car plus tard , Dieu va l'envoyer accomplir une mission précise chez corneille. Dans ces deux cas , Pierre et Philippe sont acteur dans la scène.

2. Vision à long terme.

Dans ce cas si, la vision peut se confondre à notre appel. Car ici Dieu nous montre quelque chose ou il aimerait que nous travaillons pour que cela soit établit. Il peut par exemple nous montrer l'état de vie d'un de nos proches qui se trouve dans le péché et t'appelle à prier jusqu'a ce que la personne change. Notons bien que dans une vision à long terme , il peut y avoir plusieurs visions à court terme. Les visions à long terme nous être revelée de plusieurs manières:

- Par un Fardeau : par exemple Nehemie, qui a reconstruit le temple de Jéreusalem après que les babyloniens l'ai détruit. Tout à commencer par un fardeau qu'il eut dans le coeur . A propos de l'état du peuple juif: **Nehemie 1: 4 -5 " Lorsque j'entendis ces choses, je m'assis, je pleurai, et je fus plusieurs jours dans la désolation. Je jeûnai et je priai devant le Dieu des cieux, et je dis: O Eternel, Dieu des cieux, Dieu grand et redoutable, toi qui gardes ton alliance et qui fais miséricorde à ceux qui t'aiment et qui observent tes commandements! "** . Notre fardeau doit concorder avec la parole de Dieu , car nous voyons ici que Nehemie rappelle à Dieu sa parole, il ne se plaint pas de Dieu ou n'impose pas sa propre volonté à Dieu mais il rappelle plutôt à Dieu ce qu'Il a dit. Ceci est une preuve que Nehemie lisait les écritures. De même , notre fardeau doit venir du fait que nous conaissons notre Dieu et Il nous ouvre les yeux sur l'état de son peuple.

- Par un appel direct par une voix audible ou un verset qui nous boulverse complètement : **Exode 3:10 "Maintenant, va, je t'enverrai auprès de Pharaon, et tu feras sortir d'Egypte mon peuple, les enfants d'Israël"** . Ceci fût la vision que Dieu donna à Moise. Car Dieu décrit plus haut la souffrance de son peuple qui es ten Egypte et choisit Moise pour éffectuer sa libération. Ici , Dieu voulait délivrer son peuple de la servitude égyptienne et présente son voeux à moise qui devrait être son serviteur. Nous remarquons que la vision ici coule d'un désir que Dieu a et qu'Il nous transmet.

- Par un appel indirect c'est à dire par l'intermédiaire de quelqu'un d'autre que Dieu nous appele et lui communique ce que nous accompliront . Ce fût le cas de Samson dans la Bible appelé à deliver Israel de la main des philistins . C'est à travers sa mère que Dieu lui a donné sa vision (Appel) . L'histoire se trouve dans **Juges 13:3-5**. De même Dieu peut donner une vision a un homme sur ce qui se passera dans les temps futurs, dans le but d'avertir le monde ou des personnes. Un exemple est celui de **Daniel 7 : 1-8** où Dieu montre à Daniel la fin des temps.

- Par un témoignage : Dieu peut nous conduire dans des déserts où Il nous fait ressentir la souffrance dans laquelle plusieurs se trouvent et ensuite nous appeler plutard à les aider(**Osée 2:16**). Tu as un témoignage dans lequel Dieu te montre le chemin de sorti d'une situation difficile et t'appele à enseigner d'autres afin qu'ils s'en sortent aussi .

Par plusieurs autres moyens le Seigneur peut nous donner une vision . Mais ce n'est pas obligatoire que Dieu te donne forcement une vision à toi, car il peut aussi te faire rejoindre quelqu'un qui a déjà une vision et t'amène à l'aider dans son appel. Car Jésus dit :

Mathieu 10:41 " Celui qui reçoit un prophète en qualité de prophète recevra une récompense de prophète, et celui qui reçoit un juste en qualité de juste recevra une récompense de juste " .

Ce qui voudrait dire que si tu rejoins une personne dans une vision que Dieu lui à donner, en te soumettant à ce qu'il doit accomplir, tu auras la même récompense que lui, en d'autres termes, s'il est Pasteur, son onction pastoral se déposera aussi sur toi et pareille pour les autres ministères. Le jeune Samuel dans **1 Samuel 2** commenca son ministère au côté de Eli et dès qu'Eli mourut , il devint le guide d'Israel. De même , nous pouvons commencer notre vision au côté d'un autre.

En tant que disciple, il est obligatoire d'avoir une vision car la vision est ce qui te montrera que ce n'est pas par toi que tu agis mais plutôt Dieu qui agis en toi ou bien ce n'est pas ta volonté que tu fais mais celle du Père celeste. Jésus dira à plusieurs fois ceci :

Mathieu 15:13 " Il répondit: Toute plante que n'a pas plantée mon Père céleste sera déracinée "

Mathieu 7 : 19 " Tout arbre qui ne porte pas de bons fruits est coupé et jeté au feu ".

Porter du bon fruit , c'est agir comme le Père veut que tu agisses.

Jean 15: 4 " .... Comme le sarment ne peut de lui-même porter du fruit, s'il ne demeure attaché au cep, ainsi vous ne le pouvez non plus, si vous ne demeurez en moi ".

Nous devons démeurrer dans la vision que Jésus nous donne si nous voulons porter des fruits pour son royaume.

IV. DÉTRUIRE LES FORTERESSES

Une forteresse est selon le dictionnaire un lieu fortifié pour défendre un territoire , une ville ou bien un lieu qui a été établit pour resister à une éventuelle attaque d'un ennemi. Une forteresse peut être dréssé pour notre bien , comme elle peut être pour notre malheur .

2 Corinthiens 10:4-5 "Nous renversons les raisonnements et toute hauteur qui s'élève contre la connaissance de Dieu, et nous amenons toute pensée captive à l'obéissance de Christ."
Selon le verset précédent une forteresse est :

- Un raisonnement faux c'est à dire qu'une mauvaise interprétation ou bien une fausse doctrine qu'on écoute et à laquelle on croit , peut provoquer une forteresse et nous empêcher d'arriver à la connaissance du Christ.
  2 Pierre 3:16 " ... où il parle de ces choses, dans lesquelles il y a des points difficiles à comprendre, dont les personnes ignorantes et mal affermies tordent le sens, comme celui des autres Ecritures, pour leur propre ruine " .
  L'Apôtre Pierre nous signale qu'il y'a des points difficile à comprendre dans la parole de Dieu et ceux qui sont mal affermies tordent le sens de la parole , ce qui peut provoquer une forteresse.

- Un obstacle qui nous empêche d'arriver à l'obéissance de Dieu. Plusieurs Obstacles sont cites dans la parole de Dieu :
  Osée 4:6 "Mon peuple est détruit, parce qu'il lui manque la connaissance ...." .
  L'ignorance peut nous amener à devenir des personnes désobéissantes à Dieu sans même le savoir. Ce qui pourrait bloquer une relation avec Dieu.
  Proverbes 29 :23 "L'orgueil d'un homme l'abaisse, mais celui qui est humble d'esprit obtient la gloire."
  L'orgueil nous empêche d'accepter la volonté de Dieu et on fini toujours par s'éloigner de Dieu et ne plus pouvoir l'entendre.
  Ésaie 1:20 "Mais si vous résistez et si vous êtes rebelles, Vous serez dévorés par le glaive, Car la bouche de l'Eternel a parlé ".
  La rebellion peut être vue comme la manifestation de notre orgueil . Dieu nous dit quelque chose mais à cause de la haute estime qu'on a pour nous, on ne l'écoute pas et on croit ce qui est dans notre tête ou bien ce que l'on ressent. Dieu nous promet déjà que si nous marchons dans la rebellion nous allons être dévoré par le glaive car c'est Dieu qui est la verité et nous devons Le laisser nous enseigner sur ce que nous devons faire.
  Mathieu 17:20 " C'est à cause de votre incrédulité, leur dit Jésus ....." . L'incrédulité (le manqué de foi) nous empêche d'hériter les promesses que Dieu a pour nous et nous rend faible devant notre ennemi.

Daniel 10 : 13 " Le chef du royaume de Perse m'a résisté vingt et un jours; mais voici, Micaël, l'un des principaux chefs, est venu à mon secours ....". La résistance de satan pour l'exhaussement d'une prière peut être aussi une forteresse dans plusiers cas.
1 Samuel 17:11 "Saül et tout Israël entendirent ces paroles du Philistin, et ils furent effrayés et saisis d'une grande crainte ". La peur est le résultat d'une forteresse en nous.

C'est important quand on devient disciple de détruire toutes les forteresses qui sont en nous car le diable pourra les utiliser pour nous amener dans le doute . La plupart de temps , quand Dieu donne une vision des personnes , il y'a des forteresses en elles qui les empêchent de croire et d'accomplir la mission. Exemple , quand Dieu envoie Moise pour délivrer le peuple juif d'Égypte, il ne se sent pas capable et dit à Dieu :

Exode 4: 10 " Moïse dit à l'Eternel: Ah! Seigneur, je ne suis pas un homme qui ait la parole facile, et ce n'est ni d'hier ni d'avant-hier, ni même depuis que tu parles à ton serviteur; car j'ai la bouche et la langue embarrassés".

De même , quand Dieu nous montre une vision ,l'on a tendance à regarder à nos faiblesses et croire que l'on n'y arrivera pas alors que l'on devrait savoir que si Dieu nous choisi c'est parce que Lui le créateur nous a vu capable et qu'Il nous équipera Lui même.

Parfois la vision nous effraie aussi et on prend peur . Comme le cas d'Ésaie :

Ésaie 6 : 5 "Alors je dis: Malheur à moi! je suis perdu, car je suis un homme dont les lèvres sont impures, j'habite au milieu d'un peuple dont les lèvres sont impures, et mes yeux ont vu le Roi, l'Eternel des armées".

Ésaie a peur du lieu ou le Seigneur l'amène alors que le Seigneur ne pourrait nous amener dans un lieu ou nous n'avons pas le droit d'entrer . Il se qualifie d'impur, mais nous voyons bien que par la suite , Dieu va le qualifier pour sa mission

Ésaie 6 : 6-7 " Mais l'un des séraphins vola vers moi, tenant à la main une pierre ardente, qu'il avait prise sur l'autel avec des pincettes. Il en toucha ma bouche, et dit: Ceci a touché tes lèvres; ton iniquité est enlevée, et ton péché est expié ".

Dieu nous qualifie toujours pour la vision qu'Il nous donne . Nous devons nous concentrer sur ce qu'Il nous dira et non sur ce que nous pensons.

La peur nous fait voir notre ennemi comme inbattable. Dans **1 Samuel 17:11** , le people d'Israel et Saül (son roi) vit goliath comme un géant et ils avaient peur devant lui. Pourtant , Dieu n'a eu besoin que de David qui avait une fronde pour l'abattre. Arretons nous un peu ici et essayons de comprendre comment David a pu le battre :

- David avait du courage :

1 Samuel 17:32 "David dit à Saül: Que personne ne se décourage à cause de ce Philistin! Ton serviteur ira se battre avec lui"

- Son courage était certaint , car il s'appuyait sur la parole de Dieu. Pour lui , il était inconcevable que l'on insulte l'armée de Dieu.

1 Samuel 17:26 "David dit aux hommes qui se trouvaient près de lui: Que fera-t-on à celui qui tuera ce Philistin, et qui ôtera l'opprobre de dessus Israël? Qui est donc ce Philistin, cet incirconcis, pour insulter l'armée du Dieu vivant? "

- David avait une révélation de Dieu, puisqu'Il l'appelera le „ Dieu vivant" . Il savait que Dieu est vivant et qu'Il est tout puissant. Rien n'est au dessus de ses paroles.

Ceci dire, pour abattre les forteresses , il nous faut augmenter notre foie en la parole de Dieu car c'est elle qui est la verité. Augmenter sa foi voudrait dire, la lire d'avantage et prier pour que Dieu nous donne la force d'y croire là ou on est incrédule. Jésus dira :

Mathieu 17:21 "Mais cette sorte de démon ne sort que par la prière et par le jeûne."

Il y'a certains démons qui sont plus forts que d'autres et pour les battre on a besoin d'une grande foi.

Luc 18:1-8, Nous raconte l'histoire du juge inique,qui à cause de l'insistance d'une femme qui lui demande justice, il finit par céder et par faire justice à la femme.

Le passage nous dit bien que c'est un juge qui ne craint point Dieu . En d'autres termes, il ne se soucis pas d'établir la justice de Dieu bien que c'est son role car il est juge . La femme qui a besoin de justice ne peut se tourner que vers lui car c'est lui le juge. La femme demanda avec insistance et le juge céda et finit par lui accorder ce qu'elle demanda. Pourquoi ?

- Sa requête était juste, elle avait besoin qu'on lui fasse justice.
- Elle s'est adressé à la bonne personne car c'est le rôle du Juge de rendre justice et personne n'a le droit de se faire justice soit même.

Il est important de bien examiner d'ou vient la forteresse que l'on a. Elle peut aussi venir d'un péché commis et que l'on a laisse se développer. Dans ce cas , nous devons avoir l'humilité pour la repentance, car il est écrit :

Luc 15:7 "De même, je vous le dis, il y aura plus de joie dans le ciel pour un seul pécheur qui se repent, que pour quatre-vingt-dix-neuf justes qui n'ont pas besoin de repentance."

V. PRENDRE LE JOUG, PORTER LE FARDEAU ET SUIVRE JÉSUS

Dans les chapitres précédents, on a vu ce que Jésus à demander de faire pour pouvoir le suivre . Dans ce chapitre, on va apprendre comment suivre Jésus et devenir ce disciple qu'Il attend de nous .

Dans **Mathieu 11:29**

"Prenez mon joug sur vous et recevez mes instructions, car je suis doux et humble de coeur; et vous trouverez du repos pour vos âmes. Car mon joug est doux, et mon fardeau léger."

1- Prendre le Joug

Le joug est un morceau de bois que l'on mettait sur le cou des animaux pour pouvoir mieux les diriger.Il s'agissait plus des animaux qu'on utilise pour se déplacer comme le cheval ,l'âne .... Quelques synônymes du mot Joug sont : dépendance, tutelle, servitude, soumission, domination.

Dans le verset précédent , Jésus nous appele à **Prendre** son joug. Il ne nous demande plus de faire son joug. Ceci fait une grosse différence entre l'ancien Testament et le nouveau Testament. En effet, dans l' Ancien Testament,il y'avait une Loi que le peuple devrait se plier à cette loi, s'il voulait être saint devant Dieu. La il fallait faire le Joug de Dieu (la loi) , mais dans le nouveau testament, Jésus a accompli toute la loi, Il a été juste pour que tu sois juste. Aujourd'hui, Il ne te demande plus de faire la justice, car l'Homme depuis la création a échoué avec la loi, Jésus te demande d'accepter qu'Il entre dans ta vie afin que Lui Il accomplisse la loi à travers toi. Prendre le joug ne veut biensur pas dire que tu ne feras rien, mais tu n'agiras plus comme dans l'Ancien Testament. Prendre le joug revient à dire : Prendre la vie de Jésus qui est une vie saine.

Jésus a commencé son ministère par un baptême . Voici la prédication de Jean Baptiste à cette époque :

Mathieu 3:11 "Moi, je vous baptise d'eau, pour vous amener à la repentance; mais celui qui vient après moi est plus puissant que moi, et je ne suis pas digne de porter ses souliers. Lui, il vous baptisera du Saint-Esprit et de feu."

De ce passage , nous pouvons en tirer qu'il existe plusieurs types de baptêmes :

- Le Baptême d'eau qui nous conduit à la repentance . Plus tard après la mort et réssurection de Jésus , ce Baptême aura plus d'impact sur nous . L'apôtre Paul dira á ce sujet :
  Colossiens 2:12
  "ayant été ensevelis avec lui par le baptême, vous êtes aussi ressuscités en lui et avec lui, par la foi en la puissance de Dieu, qui l'a ressuscité des morts. "
  L'apôtre Pierre ajoutera :
  1 pierre 3 : 21"Cette eau était une figure du baptême, qui n'est pas la purification des souillures du corps, mais l'engagement d'une bonne conscience envers Dieu, et qui maintenant vous sauve, vous aussi, par la résurrection de Jésus-Christ,"
  Le Baptême d'eau est donc le symbole de :
  - La mort avec Jésus Christ
  - La réssurection avec Jésus Christ

- L'engagement d'une bonne conscience à suivre Jésus comme lors d'un mariage, devant le maire on signe un acte de mariage. Mais cette signature n'est pas le marriage mais plutôt l'engagement de deux personnes à se marier car se marier voudrait dire s'unir dans tout et devenir une seule chair. Ceci est un procésus qui dure toute la vie.

- Le Baptême du Saint Esprit . Ceci est une promesse de Jésus à son épouse . Tout comme Lui lors de son baptême , le Saint Esprit est descend sur lui sous la forme d'une colombe et dès lors Il fut rempli du Saint Esprit. Jésus a dit ceci :

  Actes 1:5 "car Jean a baptisé d'eau, mais vous, dans peu de jours, vous serez baptisés du Saint-Esprit.."

  Le message premier des Apôtres fût :

  Actes 2:38-39 "Pierre leur dit: Repentez-vous, et que chacun de vous soit baptisé au nom de Jésus-Christ, pour le pardon de vos péchés; et vous recevrez le don du Saint-Esprit. Car la promesse est pour vous, pour vos enfants, et pour tous ceux qui sont au loin, en aussi grand nombre que le Seigneur notre Dieu les appellera."

  Pour recevoir le baptême du Saint Esprit , il faut :

  - Une repentance sincère pour recevoir le pardon des péchés et qui nous conduit au baptême d'eau.

- Le Baptême de feu . Dans plusieurs assemblés , l'on ne reconnait plus ce baptême. Il est poutant très capital si nous voulons accomplir notre mission de disciple. Le feu a toujours trait à l'épreuve qui nous fait accéder à une puissance. Car c'est de là que nous allons vraiment briller .

  1 corinthiens 3: 13 "l'oeuvre de chacun sera manifestée; car le jour la fera connaître, parce qu'elle se révèlera dans le feu, et le feu éprouvera ce qu'est l'oeuvre de chacun."

  Il y'a un moment ou l'oeuvre de chacun sera testé par le feu et c'est d'ailleurs à cela que Jean Baptiste dit que Jésus séparera le grain de la paille car c'est le feu qui revèle qui est le grain et la paille. Jésus lui même dira :

  Luc 12: 49-50 "Je suis venu jeter un feu sur la terre, et qu'ai-je à désirer, s'il est déjà allumé? Il est un baptême dont je dois être baptisé, et combien il me tarde qu'il soit accompli "

  Il ne pouvait pas parler ici du Baptême d'eau ou du Saint Esprit car Il avait déja été baptisé de ces baptêmes. Il parle ici de la souffrance qu'Il va endurer sur la croix.

- Le revêtement de puissance (le Saint Esprit sur nous) . Il a beaucoup plus trait à notre mission . Jésus dira :

  Actes 1:8 "Mais vous recevrez une puissance, le Saint-Esprit survenant sur vous, et vous serez mes témoins à Jérusalem, dans toute la Judée, dans la Samarie, et jusqu'aux extrémités de la terre"

  Plus en haut , Il a parlé du baptême du Saint Esprit, maintenant Il parle d'une puissance et la Il ajoute la mission des douze : Ils seront ses témoins dans toute la judée, Samarie et les extrémités de la terre. Jésus lui même avant de commencer sa mission devait recevoir une puissance . Il fut conduit par l'Esprit dans le desert (Luc 4:1) et après il est écrit :

Luc 4:14 "Jésus, revêtu de la puissance de l'Esprit, retourna en Galilée, et sa renommée se répandit dans tout le pays d'alentour. "

Prendre le joug voudrait dire vivre sous la conduite du Saint Esprit. En d'autres termes, vivre dans la sainteté. L'on peut se poser la question de savoir comment être sur que j'ai vraiment pris le joug .

Galates 5 : 22 – 23 "Mais le fruit de l'Esprit, c'est l'amour, la joie, la paix, la patience, la bonté, la bénignité, la fidélité, la douceur, la tempérance;..."

1 Corinthiens 13: 4-7 "La charité est patiente, elle est pleine de bonté; la charité n'est point envieuse; la charité ne se vante point, elle ne s'enfle point d'orgueil, elle ne fait rien de malhonnête, elle ne cherche point son intérêt, elle ne s'irrite point, elle ne soupçonne point le mal, elle ne se réjouit point de l'injustice, mais elle se réjouit de la vérité; elle excuse tout, elle croit tout, elle espère tout, elle supporte tout"

L'on peut regarder attentivement sa vie et voir si elle porte ces fruits .

Tu peux également te poser ces questions :

- Suis je guéris de toute blessures intérieures du passé ?
- Est ce que c'est véritablement l'amour de Dieu qui me motive à agir ? Est ce c'est pas mon égoisme? Est ce que je recherche les intérêts de Dieu ou mes propres intérêts?
- Suis je rapide ou lent à pardonner à ceux qui m'offense ?
- Est ce que j'aime la présence de Dieu ? Dans l'assemnblée(Église, cellule..) ? L'intimité ?
- Suis je près à me sacrifier pour aider des nouvelles personnes ou mes frères ?

3. L'Équipement du Saint Esprit :

Le Saint Esprit nous équipe afin que nous puissons marcher suivant les instructions (commandements) de Dieu.

Ézéchiel 36: 27 "Je mettrai mon esprit en vous, et je ferai en sorte que vous suiviez mes ordonnances, et que vous observiez et pratiquiez mes lois".

Le Saint Esprit a 7 composantes ou 7 Esprits . Le livre de l'apocalypse nous revèle ceci :

Apocalypse 4 :5 "...Devant le trône brûlent sept lampes ardentes, qui sont les sept esprits de Dieu".

Dans l'ancien testament, Dieu avait déjà révélé 6 esprits de Dieu à travers le prophète Esaie. Esaie dit ceci parlant du messie :

Ésaie 11: 2 " L'Esprit de l'Eternel reposera sur lui: Esprit de sagesse et d'intelligence, Esprit de conseil et de force, Esprit de connaissance et de crainte de l'Eternel " .

L'on pourrait se poser la question de savoir pourquoi dans l'ancien testament l'on ne cite que 6 Esprits de Dieu. Une raison très simple est que lors du péché dans le jardin d'Eden , un des sept Esprit s'était retiré de l'Homme. Car nous savons que Dieu est Saint et lorsque le péché est entrée n nous , Il ne pouvait plus habiter en nous. C'est Esprit qui s'est rétiré de l'Homme nous est révélé dans le nouveau testament , car Jésus est venu pour nous réconcilier avec le Père et pour que nous recevons cet Esprit de réconciliation avec Dieu.

Jean 14:13 "Quand le consolateur sera venu, l'Esprit de vérité, il vous conduira dans toute la vérité; car il ne parlera pas de lui-même, mais il dira tout ce qu'il aura entendu, et il vous annoncera les choses à venir. "

Jean 14: 16-17 "Et moi, je prierai le Père, et il vous donnera un autre consolateur, afin qu'il demeure éternellement avec vous, l'Esprit de vérité, que le monde ne peut recevoir, parce qu'il ne le voit point et ne le connaît point; mais vous, vous le connaissez, car il demeure avec vous, et il sera en vous."

Jean 14:26 "Mais le consolateur, l'Esprit-Saint, que le Père enverra en mon nom, vous enseignera toutes choses, et vous rappellera tout ce que je vous ai dit."

2 Timothée 1 : 7 "Car ce n'est pas un esprit de timidité que Dieu nous a donné, mais un esprit de force, d'amour et de sagesse."

C'est un Esprit qui nous réconcilie avec Dieu et qui nous fait avoir à nouveau tous les caractères de Dieu. C'est :

- Un Esprit consolateur, car Dieu console les affligés.
- Un Esprit de verité , car Dieu est la Vérité et il y'a point de mensonge en Lui.
- Un Esprit Saint , Car Dieu est saint et il y'a point de péché en lui.
- Un Esprit d'amour , Car Dieu est amour et a donné son Fils unique pour que nous soyons sauvé

En somme , L'Esprit que nous avons a ces 7 composantes :

- Un Esprit de Sagesse .
- Un Esprit d'intelligence
- Un Esprit de force
- Un Esprit de conseil
- Un Esprit de connaissance de Dieu
- Un Esprit de crainte de Dieu
- Un Esprit réconciliateur avec Dieu

Les 6 premiers Esprits sont ceux que nous avons déjà dès notre naissance . Mais le 7ème , nous le recevons lors de notre nouvelle naissance, car c'est Esprit nous fait un avec Dieu et Il ne pourrait habiter en nous à moins que nous soyons réconcilier avec le Père.

Nous devons tout de même prendre conscience de tous ces talents que Dieu a déja mis en nous et de quoi nous sommes déjà capable de faire. Lorsqu'on regarde le monde, les Nouvelles technologies, les avions, toutes ces inventions , nous les faisons grâce à cet Esprit d'intelligence que Dieu nous a déjà donné. Raison pour laquelle même un paien en est capable de sortir de Nouvelles technologies. Mais ce qu'il ne pourra jamais c'est soumettre cette intelligence à la volonté de Dieu. Il lui manque cette septième composante . Nous en tant que Chrétien , nous l'avons et devons utiliser notre intelligence selon la volonté de Dieu. Ne pas l'utiliser pour dominer notre prochain mais plutôt pour l'aimer et le servir. C'est là la difference entre les enfants de Dieu et les paiens.

4. Porter le fardeau de Dieu

Le Fardeau voudrait dire de manière littérale une chose pesante qu'il faut soulever ou porter . Un synonyme serait le poids , une charge.

Ici , il s'agit du travail que Jésus nous appelle à faire. Il nous appelle à porter son Fardeau, pas à faire son Joug. La parabole des noces de Jésus est très révélatrice sur la question .

Mathieu 22 :2-4 "Le royaume des cieux est semblable à un roi qui fit des noces pour son fils. Il envoya ses serviteurs appeler ceux qui étaient invités aux noces; mais ils ne voulurent pas venir. Il envoya encore d'autres serviteurs, en disant: Dites aux conviés: Voici, j'ai préparé mon festin; mes boeufs et mes bêtes grasses sont tués, tout est prêt, venez aux noces."

Ici Jésus nous montre que les noces sont déjà préparés , ce n'est pas nous qui le préparons mais c'est Dieu lui même qui prépare ces noces , puis Il nous invite à prendre part. Ce qui veut dire que tout ce qui compte pour nous est d'accepter l'invitation que Dieu nous fait afin de pouvoir participer à son festin. L'erreur que nous commettons très souvent c'est de vouloir nous même préparer le repas des noces. Plus loin Jésus montrera que plusieurs ne vont pas répondre favorablement à cet invitation :

Mathieu 22 : 5-7 "Mais, sans s'inquiéter de l'invitation, ils s'en allèrent, celui-ci à son champ, celui-là à son trafic; et les autres se saisirent des serviteurs, les outragèrent et les tuèrent. Le roi fut irrité; il envoya ses troupes, fit périr ces meurtriers, et brûla leur ville".

L'on peut se poser la question , c'est quoi ce repas des noces ?
Les noces de manière littérale désigne le moment que passe un couple marié ensemble ou ils vivent leur amour pour la première fois. Ceci se passe généralement juste après le mariage. De même lorsqu'on vient à Christ, on est marié avec lui . On s'est engagé par les eaux du baptême à faire de lui notre Seigneur et Sauveur. Ceci dire on a :

- Le repas des noces = La mort de Jésus qui nous donne le salut et la réconciliation avec Dieu.
- L'appel aux noces = L'appel au salut et faire route avec Jésus.
- Le Roi = Dieu
- Son Fils = Jésus
- Les invités aux noces (Conviés) = Les enfants d'Israel qui ont rejeté Jésus.
- Ceux des carrefours = Les paiens d'autres nations qui ont accepté Jésus.

Notons bien que pour faire marche avec Dieu, il faut garder son salut de peur de finir par le perdre. La suite nous dit ceci :

Mathieu 22: 11-13 "Le roi entra pour voir ceux qui étaient à table, et il aperçut là un homme qui n'avait pas revêtu un habit de noces. Il lui dit: Mon ami, comment es-tu entré ici sans avoir un habit de noces?

Cet homme eut la bouche fermée. Alors le roi dit aux serviteurs: Liez-lui les pieds et les mains, et jetez-le dans les ténèbres du dehors, où il y aura des pleurs et des grincements de dents. "

C'est habit de noce est belle et bien le salut qu'on a obtenu gratuitement en Jésus. Si nous arrêtons de croire en Jésus, nous courons le risque de perdre cet habit de noces et d'être rejeté par le Père.

Donc la condition pour porter le fardeau de Dieu est de toujours garder cet habit de noce.

Jésus nous dira à propos de son fardeau :

Mathieu 11:30 "Car mon joug est doux, et mon fardeau léger."

Jean 4:34-36 "Jésus leur dit: Ma nourriture est de faire la volonté de celui qui m'a envoyé, et d'accomplir son oeuvre. Ne dites-vous pas qu'il y a encore quatre mois jusqu'à la moisson? Voici, je vous le dis, levez les yeux, et regardez les champs qui déjà blanchissent pour la moisson. Celui qui moissonne reçoit un salaire, et amasse des fruits pour la vie éternelle, afin que celui qui sème et celui qui moissonne se réjouissent ensemble."

Jean 6:39-40 "Or, la volonté de celui qui m'a envoyé, c'est que je ne perde rien de tout ce qu'il m'a donné, mais que je le ressuscite au dernier jour. La volonté de mon Père, c'est que quiconque voit le Fils et croit en lui ait la vie éternelle; et je le ressusciterai au dernier jour."

Jean 15:8 „Si vous portez beaucoup de fruit, c'est ainsi que mon Père sera glorifié, et que vous serez mes disciples."

Comment savoir si je porte réellement le fardeau de Dieu ?

Tu peux te poser les questions suivantes :

- Est ce que je suis actif et que je connais les défis de mon Église ? De mon mouvement ?
- Est ce que je me sens concerné lorsqu'il y'a une difficulté?
- Est ce que J'utilise tout mes dons pour faire avancer l'oeuvre de Dieu ?
- Est ce que je recherche premièrement le royaume des cieux et sa justice au dessus de tout mes problèmes ?
- Suis je vraiment conscient de la situation des personnes perdues ?Ai je le fardeau des ames perdues dans mon coeur ?
- Est ce que je me rends disponible à oeuvrer pour la mission que Jésus a laissé à son église ? Selon **Marc 16:15**

5. Suivre Jésus :

Cette étappe est parfois négligé par certains chrétiens alors qu'elle est très importante car si l'on ne suit pas Jésus, alors Jésus n'est pas notre Seigneur , Il n'est pas non plus notre maitre. Certains prennent le Joug, il porte le fardeau, mais ne suivent pas Jésus comme dans **Marc 9:38** ou un homme fais des miracle au nom de Jésus , mais ne le suis pas...

Que veut dire suivre Jésus ?

Suivre Jésus voudrait dire que malgré tout dons spirituel ou alors ta position dans une assemblée, tu dois toujours te rassurer que ce que tu fais, le Seigneur Jésus est d'accord. Ceci nécessite la connaissance Logo und Rhéma de la parole de Dieu.
Un exemple est celui de David qui a eu à coeur de batir un temple pour Dieu, ce fût une bonne oeuvre, mais Dieu lui a demandé de ne pas le faire. S'il n'avait pas consulté Dieu, il aurait pensé avoir servi Dieu.

Romains 6:22 "Mais maintenant, étant affranchis du péché et devenus esclaves de Dieu, vous avez pour fruit la sainteté et pour fin la vie éternelle."

Un esclave: est différent d'un ouvrier dans la mesure ou l'esclave cherche toujours à plaire à son maitre car sa vie ne l'appartiens pas.
Quelqu'un qui suit Jésus est aussi près à faire de grand sacrifice pour lui.

Si nous remarquons bien, ceux qui suivent Jésus on une relation personnelle avec Lui, ils partagent ou alors subissent les souffrances que Jésus a eu ici sur cette terre pour que la bonne nouvelle soit préchée, pour que les Hommes soient sauvés, pour accomplir toute la volonté de Dieu . Cela ne veut pas dire que nous ne souffrons pas, mais malgré toutes persécutions, toutes aggressions spirituelles de l'ennemi, les disciples de Jésus démeurrent ferment dans leur engagement.

Jean 15:4-6 "Demeurez en moi, et je demeurerai en vous. Comme le sarment ne peut de lui-même porter du fruit, s'il ne demeure attaché au cep, ainsi vous ne le pouvez non plus, si vous ne demeurez en moi. Je suis le cep, vous êtes les sarments. Celui qui demeure en moi et en qui je demeure porte beaucoup de fruit, car sans moi vous ne pouvez rien faire. Si quelqu'un ne demeure pas en moi, il est jeté dehors, comme le sarment, et il sèche; puis on ramasse les sarments, on les jette au feu, et ils brûlent."

Jean 16:20 „En vérité, en vérité, je vous le dis, vous pleurerez et vous vous lamenterez, et le monde se réjouira: vous serez dans la tristesse, mais votre tristesse se changera en joie."

VI. DÉVELOPPER SON INTIMITÉ AVEC JÉSUS

A- Les Dimensions de la foi

Ici il est question d'étudier la foi chrétienne . Comment pouvons nous manifester une foi solide ? Comment pouvons nous marcher avec le Seigneur en étant équilibrer dans tous les domaines de notre vie ?

Au début du livre nous avons parlé de la foi comme se référent aux Parvis du tabernacle de la présence de Dieu . La foi est défini dans la parole de Dieu comme suit :

Hébreux 11 : 1"Or la foi est une ferme assurance des choses qu'on espère, une démonstration de celles qu'on ne voit pas."

De part cette définition , on constate que la foi est un pont entre le monde invisible et le monde visible car le verset parle d'une démonstration des choses qu'on ne voit pas pourvu qu'on ait une ferme espérance en la parole.

Plus tard , l'auteur du livre d'Hébreux dira aussi :

Hébreux 11: 6 „Or sans la foi il est impossible de lui être agréable; car il faut que celui qui s'approche de Dieu croie que Dieu existe, et qu'il est le rémunérateur de ceux qui le cherchent."

Nous avons besoin premièrement de foi pour voir Dieu agir dans nos vies et la foi est ce qui nous sauve et nous délivre. Cependant , nous avons besoin de foi pour être délivrer dans plusieurs domaines de notre vie. Par Exemple, quand Jésus a guéri Bartime , l'aveugle, Il lui dira : " Va , ta foi ta guéri " . A d'autres . Il dira " Ta foi ta sauvé, va en paix et ne pêche plus".

Pour dire que la foi agit dans plusieurs domaines de notre vie d'ou les dimensions de la foi.

La foi pour être sauvé n'est pas la même que la foi pour être guéri ou pour chasser un démon. Remarquons bien que pour être sauvé , Il faut recevoir le pardon de ses péchés selon une parole : **Jean 3:36 " Celui qui croit au Fils a la vie éternelle ".**

Alors que pour chasser des démons , Jésus dira par exemple dans **Mathieu 17:21 „Mais cette sorte de démon ne sort que par la prière et par le jeûne."**

La foi a plusieurs dimensions et pour hériter toutes les promesses nous devons développer une foi équilibrée dans tous les domaines . On distingue :

- ✓ La foi pour être sauvée
- ✓ La foi pour obéir à la parole de Dieu
- ✓ La foi pour chasser les démons et guérir les malades

- ✓ La foi pour vaincre les tentations, résister aux séductions
- ✓ La foi pour hériter les promesses (Héritages)
- ✓ La foi pour déplacer les montagnes
- ✓ La foi pour recevoir le pardon de ses péchés
- ✓ La foi pour conquérir les nations

Il existe une longue liste d'autres dimensions de la foi. Dans cette étude , nous allons nous limiter À ceux ci pour montrer que chaque dimensions doit être développer avec des paroles spécifiques.

1. La foi pour être sauvée.

Plusieurs passages de la parole de Dieu nous parle du Salut :

Jean 3: 16-17 "Car Dieu a tant aimé le monde qu'il a donné son Fils unique, afin que quiconque croit en lui ne périsse point, mais qu'il ait la vie éternelle. Dieu, en effet, n'a pas envoyé son Fils dans le monde pour qu'il juge le monde, mais pour que le monde soit sauvé par lui. "

Éphésiens 2: 8-9 "Car c'est par la grâce que vous êtes sauvés, par le moyen de la foi. Et cela ne vient pas de vous, c'est le don de Dieu. Ce n'est point par les oeuvres, afin que personne ne se glorifie."

De ces deux passages, on comprend que le salut s'obtient par le sacrifice de Jésus (la grâce de Dieu) . Paul dira aussi :

Romains 1: 16-17 "Car je n'ai point honte de l'Evangile: c'est une puissance de Dieu pour le salut de quiconque croit, du Juif premièrement, puis du Grec, parce qu'en lui est révélée la justice de Dieu par la foi et pour la foi, selon qu'il est écrit: Le juste vivra par la foi"

2- La foi pour hériter les promesses de Dieu.

La parole de Dieu est rempli de promesses . Chacune en function de notre rang ou notre proximité avec le Seigneur. Nous reviendrons dessus avec plus de détails sur les différents types d'héritages plus tard.

Néamoins la parole dit ceci :

Hébreux 6: 12 "en sorte que vous ne vous relâchiez point, et que vous imitiez ceux qui, par la foi et la persévérance, héritent des promesses."
Le passage nous montre ici qu'il faut manifester deux choses pour recevoir la promesses :

- ➢ Avoir de la foie en la parole
- ➢ Persévérer dans ce qu'on a cru.

Ceci dire , il est possible que la promesse n'arrive pas moment même ou on l'écoute et croit. Il est possible que nous ayons besoin d'une perseverance.

Habacuc 2 : 2-3 "L'Eternel m'adressa la parole, et il dit: Ecris la prophétie: Grave-la sur des tables, Afin qu'on la lise couramment.

Car c'est une prophétie dont le temps est déjà fixé, Elle marche vers son terme, et elle ne mentira pas; Si elle tarde, attends-la, Car elle s'accomplira, elle s'accomplira certainement."

En écrivant la promesse et en la confessant chaque jour , nous pourrons garder la foi en la parole.

3- La foi pour obéir à Dieu.

Jean 10:27 „Mes brebis entendent ma voix; je les connais, et elles me suivent."

Selon le verset ci dessus , nous avons besoin de ceci pour pouvoir obéir à Dieu :

- Être une brebis de Jésus
- Le fait que nous soyons une brebis va nous donner la capacité de pouvoir entendre le bon berger parler. Parfois on veut que Jésus nous parle alors que nous ne sommes pas de son troupeau. Même s'Il le fait , oon entendra pas sa voix.
- En fin , les brebis suivent le berger parcequ'elles ont entendu sa voix et la reconnaissent.

4- La foi pour déplacer les montages

Mathieu 17: 20 " ….. Je vous le dis en vérité, si vous aviez de la foi comme un grain de sénevé, vous diriez à cette montagne: Transporte-toi d'ici là, et elle se transporterait; rien ne vous serait impossible."

Mathieu 21:21 "Jésus leur répondit: Je vous le dis en vérité, si vous aviez de la foi et que vous ne doutiez point, non seulement vous feriez ce qui a été fait à ce figuier, mais quand vous diriez à cette montagne: Ote-toi de là et jette-toi dans la mer, cela se ferait. "

Pour déplacer les montagnes , nous avons besoin de :

- Connaitre la verité et y placer toute notre foi.
- Ne point douter.
- Ce passage nous montre aussi qu'on a pas besoin nécessairement de connaitre toute la parole pour pouvoir déplacer une montagne, mais savoir précisement ce que Dieu dit à propos de cette montagne , y croire de tout son Coeur et le déclarer. Jésus dit bien qu'on a juste besoin d'une foi comme un "grain de sénevé ". Il met l'accent sur la qualité de notre foi , qu'elle soit base sur la verité et explique au disciple que ce n'est pas la quantité qui compte lorsqu'on veut déplacer une montagne.
- L'on peut vaincre son incrédulité par le jeûne et la prière.

5- La Foi pour chasser les démons, guérir les malades

Marc 16: 17 – 18 "Voici les miracles qui accompagneront ceux qui auront cru: en mon nom, ils chasseront les démons; ils parleront de nouvelles langues; ils saisiront des serpents; s'ils boivent quelque breuvage mortel, il ne leur fera point de mal; ils imposeront les mains aux malades, et les malades, seront guéris."

Cette une promesse de Jésus . Son nom guérit à travers l'imposition des mains .

6- La foi pour recevoir le pardon de ses péchés.

1 jean 1: 8-9 "Si nous disons que nous n'avons pas de péché, nous nous séduisons nous-mêmes, et la vérité n'est point en nous. Si nous confessons nos péchés, il est fidèle et juste pour nous les pardonner, et pour nous purifier de toute iniquité. Si nous disons que nous n'avons pas péché, nous le faisons menteur, et sa parole n'est point en nous."

Jacques 5:15-16 "la prière de la foi sauvera le malade, et le Seigneur le relèvera; et s'il a commis des péchés, il lui sera pardonné. Confessez donc vos péchés les uns aux autres, et priez les uns pour les autres, afin que vous soyez guéris ...."

Pour être purifier de son péché, il nous faut :

- Reconnaitre que nous avons pécher et attrister le Saint Esprit.
- Confesser le péché aux autres.
- Laisser qu'un ancien prie pour nous afin que nous soyons guérit.

7- La foi pour vaincre les tentations

2 jean 1:7-8 "Car plusieurs séducteurs sont entrés dans le monde, qui ne confessent point que Jésus-Christ est venu en chair. Celui qui est tel, c'est le séducteur et l'antéchrist. Prenez garde à vous-mêmes, afin que vous ne perdiez pas le fruit de votre travail, mais que vous receviez une pleine récompense."

1 Corinthiens 15:33 "Ne vous y trompez pas: les mauvaises compagnies corrompent les bonnes moeurs."

Nous pouvons éviter les tentations en :

- Faisant attention à ceux que nous cotoyons car ils on tune grande influence sur nous. Veillez à ce qu'ils soient attacher à la sainte doctrine de Jésus.
- Serrant la parole (la verité) en nous , la méditer jour et nuit.

B- Le chemin de la consécration

Consacrer veut dire de manière littérale mettre quelqu'un à part pour une œuvre bien déterminée.

Le Seigneur peut nous mettre à part pour nous conduire à la sanctification ou nous former pour une oeuvre à laquelle Il nous appelle.

La Bible nous donne l'histoire de plusieurs personnes qui ont été consacré pour Dieu pour des oeuvres particulières. On va étudier les cas suivants :

- Abraham
- Moise
- Le peuple d'Israel
- Le prophète Ézéchiel
- Jésus

La consécration peut se caractériser par :

1- La séparation

Génèse 12 : 1-3 "L'Eternel dit à Abram: Va-t-en de ton pays, de ta patrie, et de la maison de ton père, dans le pays que je te montrerai."

La mise à part d'Abraham commence par une séparation d'avec les personnes qu'ils aiment notament sa famille (son père , ses amis, son frère ...etc). Dieu va lui promettre une terre ou Il l'établira . Abraham quittera son campement familial avec son neveu Lot. Mais plutard il devra aussi passer l'épreuve de la séparation avec son neveu Lot.

Génèse 13: 9 "Tout le pays n'est-il pas devant toi? Sépare-toi donc de moi: si tu vas à gauche, j'irai à droite; si tu vas à droite, j'irai à gauche."

Juste après qu'ils se soient séparé , Dieu va s'adresser à Abraham et lui dire:

Génèse 13:14-15 "L'Eternel dit à Abram, après que Lot se fut séparé de lui: Lève les yeux, et, du lieu où tu es, regarde vers le nord et le midi, vers l'orient et l'occident; car tout le pays que tu vois, je le donnerai à toi et à ta postérité pour toujours."

Il y'a certaines séparations qui sont divines et nécessaire pour faire venir certaines bénédictions .

De même , moise, lorsque Dieu l'appela , il a quitté son beau père et sa famille pour se rendre en Égypte.

Exode 4:18 "Moïse s'en alla; et de retour auprès de Jéthro, son beau-père, il lui dit: Laisse-moi, je te prie, aller rejoindre mes frères qui sont en Egypte, afin que je voie s'ils sont encore vivants. Jéthro dit à Moïse: Va en paix."

2- Le désert

Littéralement le désert se définit comme un lieu ou rien ne pousse , un sol ou rien ne pousse et ou règne la sécheresse . Dans le domaine spirituelle , lorsqu'on parle d'un désert que l'on vit, ce n'est pas forcement un désert physique mais ca peut être aussi un désert spirituel .Des moments où l'on cherche la face du Seigneur pour des besoins mais Il ne nous donne pas de réponse comme nous nous attendons et nous pouvons rester longtemps dans cette situation.

Quelques exemples de désert dans la Bible :

Comme définit plus haut , le désert peut être à la fois physique et spirituel, comme il peut être seulement spirituel . Le cas d'Abraham :

Génèse 12: 10 "Il y eut une famine dans le pays; et Abram descendit en Egypte pour y séjourner, car la famine était grande dans le pays. "

Il s'agissait d'une famine qui a sévit dans son pays. Notons bien que dans les versets précédents , Dieu va lui promettre de lui donner le pays en héritage. Mais lorsque la famine va sévir , il va sembler oublier la parole de Dieu et va aller en Égypte pour trouver une solution à son problème. Parfois dans nos vies , dans ce chemin de la consécration nous allons subir des tests de foi. Dieu nous promettra des choses qui vont commencer par le contraire. Devant une telle situation nous devons proclaimer la parole que Dieu nous à donner afin de pouvoir y croire. Ne pas aller chercher le secours ailleurs. Pour le cas d'Abraham le fait qu'il soit parti en Égypte aura des consequences sur son appel:

- Il va se retrouver entrain de mentir que Sara sa femme n'est que sa soeur pour ne pas se faire tuer par phararon.
- Quand le phararon va le renvoyer , il va ressortir d'Égypte avec Agar la servante de sa femme avec qui plus tard , il va se retrouver en train de faire un enfant non prévu par Dieu (Ismael)

Les mauvais choix que nous faisons dans le désert auront toujours des conséquences quand la bénédictions de l'Éternel apparaitra.

Luc 4:1-2 "Jésus, rempli du Saint-Esprit, revint du Jourdain, et il fut conduit par l'Esprit dans le désert, où il fut tenté par le diable pendant quarante jours. Il ne mangea rien durant ces jours-là, et, après qu'ils furent écoulés, il eut faim."

Jésus par contre va se retrouver dans la même situation de désert . Face aux différentes tentations du diable , Il va le résister et laisser que se soit le Saint Esprit lui même qui le fasse sortir du désert comme c'est ce Saint Esprit qui lui a conduit. La Bible nous dira par la suite que se sont les anges qui sont venu du ciel pour le servir afin qu'Il ait de quoi manger. Dieu nous fera sortir de nos deserts par de moyens surnaturels . Il faut y croire.

3- Le renoncement

Mathieu 16:24 "Alors Jésus dit à ses disciples: Si quelqu'un veut venir après moi, qu'il renonce à lui-même, qu'il se charge de sa croix, et qu'il me suive"

Pour pouvoir suivre Jésus , il faut renoncer à nous même. Plusieurs fois Jésus va appeler des personnes et ils ont dû renoncer. Par exemple, les disciples ont dû abandonner leures familles, travails, amies ...etc pour pouvoir venir avec Jésus. Nous nous rappelons bien que Pierre était pêcheur lorsque Jésus l'appela, les duex fils de Zébédée aussi, Mathieu était collecteur d'impôt ...etc.Lorsqu'on parle de renoncement, c'est biensur le Seigneur lui même qui nous revèlera ce à quoi nous devons renoncer pour le suivre, ce n'est pas un automatisme que l'on doit toujours abandoner son travail ou ce qu'on fait actuellement. L'on doit se laisser guider par le Saint Esprit.

4- La mort en soi même

Mourir en nous même , nous amène à totalement laisser nos plans que nous avons fait pour notre vie avant que Jésus nous appele pour épouser les plans que Lui Il a prepare d'avance pour nous. C'est une suite du renoncement. Cela boulverse notre vie. Parfois Dieu nous amène à faire des choses don't on ne peut même pas s'imaginer comme par exemple :

Ézechiel 3:24 " L'esprit entra en moi, et me fit tenir sur mes pieds. Et l'Eternel me parla et me dit: Va t'enfermer dans ta maison."

Lorsque l'Esprit saisit le prophète, Dieu lui demandera d'aller s'enfermer chez lui . Ceci peut nous paraitre bizarre car il y'a pas beaucoup de personnes qui s'enferment chez eux. La consécration à un prix que nous devons payer pour que nos vies ne ressemblent pas à celle des autres.

Ézéchiel 4:4-6 "Puis couche-toi sur le côté gauche, mets-y l'iniquité de la maison d'Israël, et tu porteras leur iniquité autant de jours que tu seras couché sur ce côté. Je te compterai un nombre de jours égal à celui des années de leur iniquité, trois cent quatre-vingt-dix jours; tu porteras ainsi l'iniquité de la maison d'Israël. Quand tu auras achevé ces jours, couche-toi sur le côté droit, et tu porteras l'iniquité de la maison de Juda pendant quarante jours; je t'impose un jour pour chaque année."

Dans la même lancée, le prophète doit porter le péché de son peuple en restant couché sur un côté pendant des années. Il se peut aussi que Dieu avant de vous consacrer pour son service vous fasse porter la peine de ceux vers qui Il t'envoie.

Par notre consécration, Dieu veut forger quelque chose en nous. Si nous voulons montrer le chemin de la verité à des personnes , il faut que nous même nous apprenons et mettons en pratique ce que nous voulons enseigner aux autres.

Deutéronome 8: 2-4 "Souviens-toi de tout le chemin que l'Eternel, ton Dieu, t'a fait faire pendant ces quarante années dans le désert, afin de t'humilier et de t'éprouver, pour savoir quelles étaient les dispositions de ton coeur et si tu garderais ou non ses commandements. Il t'a humilié, il t'a fait souffrir de la faim, et il t'a nourri de la manne, que tu ne connaissais pas et que n'avaient pas connue tes pères, afin de t'apprendre que l'homme ne vit pas de pain seulement, mais que l'homme vit de tout ce qui sort de la bouche de l'Eternel. Ton vêtement ne s'est point usé sur toi, et ton pied ne s'est point enflé, pendant ces quarante années. "

Le Seigneur parle a son peuple et Il explique pourquoi Il les a fait traverser le désert . De ce passage l'on peut retenir ceci :

- ✓ Dieu a besoin des gens humbles pour son service. Il a besoin de briser l'orgueil qu'on a dans le coeur sinon on risqué de se livrer nous même à la rebellion contre Lui et ensuite rester dans le péché.

- ✓ Dieu a besoin des personnes de foi qui savent que la sagesse de Dieu dépasse leur sagesse. Même lorsqu'on est dans le manque , on doit savoir que la parole sorti de sa bouche est toujours la verité. Il amène son peuple dans le manqué afin de leur montrer que même quand ils sont dans le manque sa parole "**Je ne te délaisserai point**" vit toujours et Dieu fera des miracles et la manne tombera du ciel. Comme le peuple d'Israel, Dieu nous amènera aussi dans des déserts et Il usera de grand moyens (de miracles) pour nous en faire sortir.

- ✓ Même dans nos déserts , Dieu veille toujours sur nous. Le vêtement du peuple ne s'est point usé. Le désert ne peut pas nous tuer quand nous gardons la foi . Sa parole nous accompagnera toujours.

Exode 20 : 20 "Moïse dit au peuple: Ne vous effrayez pas; car c'est pour vous mettre à l'épreuve que Dieu est venu, et c'est pour que vous ayez sa crainte devant les yeux, afin que vous ne péchiez point "

Par la consécration le Seigneur peut aussi nous apprendre sa crainte. Beaucoup de personnes ne craignent pas Dieu parce qu'ils ne L'ont jamais rencontré. Dans le désert le Seigneur se montre à toi , afin que tu puisses aussi le craindre et ne pas te livrer au péché.

Luc 4:14-15 „Jésus, revêtu de la puissance de l'Esprit, retourna en Galilée, et sa renommée se répandit dans tout le pays d'alentour. Il enseignait dans les synagogues, et il était glorifié par tous."

Nous pouvons être revêtu de puissance comme Jésus après un temps de consécration. D'ailleurs la plus part de personnes appelés par L'Éternel ont passé un temps de consecration avant de commencer leur mission (Paul après 14ans : Galates 2:1 ; Jésus même c'est à 30 ans qu'Il commenca son ministère sur la terre)

Jacques 1: 4 "Mais il faut que la patience accomplisse parfaitement son oeuvre, afin que vous soyez parfaits et accomplis, sans faillir en rien."

La consécration produit la patience en nous , car sans la patience nous n'arriverons pas à aimer Dieu comme il se doit.

1 Pierre 5:10 "Le Dieu de toute grâce, qui vous a appelés en Jésus-Christ à sa gloire éternelle, après que vous aurez souffert un peu de temps, vous perfectionnera lui-même, vous affermira, vous fortifiera, vous rendra inébranlables. "

Nous avons besoin de devenir inébranlables face aux attaques du malin afin de le vaincre et qu'il entrave en aucun cas notre marche avec le Seigneur Jésus.

Marc 1:35 "Vers le matin, pendant qu'il faisait encore très sombre, il se leva, et sortit pour aller dans un lieu désert, où il pria"

Elle nous amène à avoir de moments d'intimité avec le Seigneur.

Notre attitude pendant le chemin

Jacques 5:7-9 "Soyez donc patients, frères jusqu'à l'avènement du Seigneur. Voici, le laboureur attend le précieux fruit de la terre, prenant patience à son égard, jusqu'à ce qu'il ait reçu les pluies de la première et de l'arrière-saison. Vous aussi, soyez patients, affermissez vos coeurs, car l'avènement du Seigneur est proche. Ne vous plaignez pas les uns des autres, frères, afin que vous ne soyez pas jugés: voici, le juge est à la porte."

De ce verset , nous pouvons comprendre :

- Il nous faut être patient quand la promesse n'est pas encore accomplie. Sans la patience , la consécration ne produira pas correctement l'oeuvre que l'on a besoin pour se mettre au service du Seigneur. Ceux qui ne sont pas patient finissent souvent étant mal affermie et ne comprennent pas la parole de Dieu. 2 pierre 3: 15 nous parle de cette conséquence.
- Ne pas se plaindre, avoir la bouche lent à parler . Dans ce moment il est possible qu'on ne comprenne pas beaucoup de choses, mais devant Dieu , l'on doit savoir que Lui Il maitrise parfaitement toute situation.
- Nous devons affermir notre coeurs , le nourrir de la parole de Dieu afin qu'il démeurre dans la verité
- Dieu nous a promis à la fin la pluie de l'arrière saisaon. Relissons constament la promesse et proclamons là sur notre vie.

Quelques questions que tu peux te poser :

- Est ce que le Seigneur m'appele à me séparer de certaines choses ou certaines personnes ?
- As tu déjà passé untemps de consecration?
- Connais tu ce que c'est qu'une prière de consécration ? connais tu des exemples dans la Bible ?

C- L'AMOUR SPIRITUEL

Pourquoi parle t'on d'amour spirituel ?

Spirituel parce que c'est amour ne vient pas de nous même mais vient de l'Esprit Saint que Dieu a mis en nous. Quand l'Esprit grandit en nous et quand on mûrit dans notre foi, on commence à ressentir un amour venant de Dieu , on se sens plus près du Coeur de Dieu.

1 Corinthiens 13: 13 "Maintenant donc ces trois choses demeurent: la foi, l'espérance, la charité; mais la plus grande de ces choses, c'est la charité."

Par là, Paul nous montre le chemin pour arriver à la charité . La charité consiste à manifester le caractère de Dieu qui est l'amour et comme on l'a dit au début , l'amour peut être vu comme étant le lieu très Saint du tabernacle car étant en Dieu , on ne peut que démeurrer Saint.

Pierre va plus détailler le passage de Paul :

2 pierre 1:6 „à cause de cela même, faites tous vos efforts pour joindre à votre foi la vertu, à la vertu la science, à la science la tempérance, à la tempérance la patience, à la patience la piété, à la piété l'amour fraternel, à l'amour fraternel la charité."

Par ce verset , Pierre nous montre l'escalier à prendre pour arriver à la charité :

La foi -> la vertu -> la science -> la tempérance -> la patience -> la piété -> l'amour fraternel -> la charité.

Car notre charité doit avoir de bon motifs sinon cette charité ne durera pas longtemps, alors que Paul nous dit bien que l'amour ne périt jamais. Quand nous sommes dans la charité, nous partageons déjà l'espace sécret de Dieu . Ce qui fait battre son coeur fait aussi battre notre coeur.

1 Corinthiens 13:4-7 "La charité est patiente, elle est pleine de bonté; la charité n'est point envieuse; la charité ne se vante point, elle ne s'enfle point d'orgueil, elle ne fait rien de malhonnête, elle ne cherche point son intérêt, elle ne s'irrite point, elle ne soupçonne point le mal, elle ne se réjouit point de l'injustice, mais elle se réjouit de la vérité; elle excuse tout, elle croit tout, elle espère tout, elle supporte tout."

Tel que Paul nous décrit l'amour , on comprend que c'est un amour qui se forge de l'intérieur pour avoir de bonnes oeuvres à l'extérieur. Quand on parle de la patience , c'est un caractère intérieur qui va se manifester par des oeuvres après à l'extérieur. Car Paul dira encore :

2 Timothée 1: 7 "Car ce n'est pas un esprit de timidité que Dieu nous a donné, mais un esprit de force, d'amour et de sagesse."

Galates 5:22 "Mais le fruit de l'Esprit, c'est l'amour, la joie, la paix, la patience, la bonté, la bénignité, la fidélité, ..."

Ceci nous montre bien que l'Esprit de Dieu nous donne un dépôt d'amour et c'est cet amour que nous devons manifester chaque jour.

Nous pouvons établir l'échelle suivant :

La foi -> L'espérance -> L'amour

Les parvis -> le lieu Saint -> Le lieu très Saint

Le croyant -> Le disciple -> L'intime

La louange -> La prière -> L'adoration

L'offrande/L'aumone -> Les dimes / Les prémices.

Éphésiens 3:17-19 "en sorte que Christ habite dans vos coeurs par la foi; afin qu'étant enracinés et fondés dans l'amour, vous puissiez comprendre avec tous les saints quelle est la largeur, la longueur, la profondeur et la hauteur, et connaître l'amour de Christ, qui surpasse toute connaissance, en sorte que vous soyez remplis jusqu'à toute la plénitude de Dieu"

Pourqoui devons nous garder notre Coeur dans l'amour ?

2 pierre 1:8 " Car si ces choses sont en vous, et y sont avec abondance, elles ne vous laisseront point oisif ni stériles pour la connaissance de notre Seigneur Jésus-Christ. Mais celui en qui ces choses ne sont point est aveugle, il ne voit pas de loin, et il a mis en oubli la purification de ses anciens péchés."

L'amour spirituel nous permet de manifester le caractère de Dieu , car Dieu est amour , un amour parfait. Et l'amour couvre un grand nombre de péchés (1 Pierre 4:8).

Les commandements de Dieu se résume à l'amour :

Marc 12:30-31 "Tu aimeras le Seigneur, ton Dieu, de tout ton coeur, de toute ton âme, de toute ta pensée, et de toute ta force.Voici le second: Tu aimeras ton prochain comme toi-même. Il n'y a pas d'autre commandement plus grand que ceux-là."

Par ces commandements ,Dieu nous montre aussi comment le diable va s'y prendre pour nous attaquer.

- Le diable attaquera notre coeur :

Mathieu 15:19 "Car c'est du coeur que viennent les mauvaises pensées, les meurtres, les adultères, les impudicités, les vols, les faux témoignages, les calomnies. "

L'iniquité nait dans notre coeur . Raison pour laquelle il nous est recommandé de garder notre coeur plus que tout autre chose car de la viennent les sources de la vie (**Proverbes 4:23**). Une manière de garder notre coeur est de veiller à ce que tout projet que veut concevoir notre coeur , qu'il soit conforme déjà à la parole de Dieu. On peut frainer le mal déjà dans notre coeur. Parfois on se sur-estime , pensant que nous sommes capable de faire le bien par nous même. Pourtant il est dit :

Génèse 8:21 " ....les pensées du coeur de l'homme sont mauvaises dès sa jeunesse ..."

Le coeur de chaque humain a besoin de transformation car dès la jeunesse il est mauvais. Raison pour laquelle Dieu nous fait cette promesse

Ézéchiel 36 :26 "Je vous donnerai un coeur nouveau, et je mettrai en vous un esprit nouveau; j'ôterai de votre corps le coeur de pierre, et je vous donnerai un coeur de chair."

Nous devons nous laisser transformer.

- Le diable attaquera également notre ame :

Pierre nous dira à ce sujet :

1 Pierre 2:11 "Bien-aimés, je vous exhorte, comme étrangers et voyageurs sur la terre, à vous abstenir des convoitises charnelles qui font la guerre à l'âme ".

Le diable se servira des désirs de notre chair pour nous pousser à pécher et à nous éloigner de Dieu.

- Le diable attaquera nos pensées:

Psaumes 93:11 "L'Eternel connaît les pensées de l'homme, Il sait qu'elles sont vaines."

Les pensées et le Coeur sont très liées . Lorsque le Coeur médite des projets iniques , cela se propagent directement dans nos pensées. Le Seigneur Jésus nous dira même que l'on peut déjà commettre l'adultère avec quelqu'un dans notre Coeur (Mathieu 5:28).

- Le diable cherchera de même à utiliser notre force pour faire le mal .

Il y'a beaucoup de personnes qui sont très intelligent mais qui utiliseront leur intelligence pour des fins négatives. Le Seigneur nous l'a pourtant donné pour que nous soyons une source de bénédiction pour les autres.

- Le diable attaquera aussi notre communion avec les frères .
  Son plus grand désir est que le corps du Christ soit divisé car dans l'union, une force se dégage. David le reconnait dans le Psaume 133 ou il compare la communion fraternelle à une huile précieuse qui est répandu sur la tête. Nous savons bien que dans l'ancien testament, quand quelqu'un était oint d'huile sur la tête, ca voudrait dire qu'il devrait recevoir une onction particulière comme devenir roi ou bien sacrificateur... David reconnait que dans la communion fraternelle, une onction très particulière coule et se pose sur chacun. Personnellement, j'ai toujours été surprise que plusieurs personnes lorsqu'ils sont dans la presence de Dieu sont différents de quand ils sont seul. Plusieurs personnes lorsqu'ils sont oppresses par des esprits méchants, dans la presence de Dieu, ces esprits se calment toujours. Ils attendant quand tu sera seul pour t'oppresser. Oui, le diable sait cela et fera tout pour détruire la communion fraternelle.

L'apotre Jean va insister sur l'amour en disant :

1 Jean 4:7-8 "Bien-aimés, aimons nous les uns les autres; car l'amour est de Dieu, et quiconque aime est né de Dieu et connaît Dieu. Celui qui n'aime pas n'a pas connu Dieu, car Dieu est amour "

Si on connait Dieu, oon découvrira aussi son coeur, combien son coeur est rempli d'amour pour les Hommes.

LE ROYAUME DES CIEUX

Un royaume dans notre language courant est un état placée sous la domination d'un roi. Le Roi a autorité sur ses sujets et de lui viennent les décisions et les lois. De même, le royaume des cieux est le lieu ou Dieu est roi et que c'est de lui que viennent toutes les instructions car Il est le roi et son trône est dans le ciel. Le Royaume des cieux a eu cependant plusieurs délégations. De même que dans nos sociétes quotidiennes, nous avons les ministres et des délégués, Dieu a tout de même délégué son royaume a plusieurs.

Le royaume des cieux a été au tout début confié à **Lucifer** . On retrouve ceci dans le livre d'Ézéchiel 28 à partir du verset 12 :

"Fils de l'homme, Prononce une complainte sur le roi de Tyr! Tu lui diras: Ainsi parle le Seigneur, l'Eternel: Tu mettais le sceau à la perfection, Tu étais plein de sagesse, parfait en beauté ...."

Dans ce premier verset , le prophète confond le Roi de Tyr et Lucifer. Sa prophétie, il la donne au roi de Tyr et dedans il parle de Lucifer. Une manière de dire que lucifer était un roi . Dans les versets suivant on va voir comment Dieu avait donnée des anges sous sa domination .

13 "Tu étais en Eden, le jardin de Dieu; Tu étais couvert de toute espèce de pierres précieuses, De sardoine, de topaze, de diamant, De chrysolithe, d'onyx, de jaspe, De saphir, d'escarboucle, d'émeraude, et d'or; Tes tambourins et tes flûtes étaient à ton service, Préparés pour le jour où tu fus créé"

Eden veut dire délice en d'autres termes la présence de Dieu. Les différentes pierres précieuses citées ici dessus sont retrouvées dans le livre d'exode 39 à partir du verset 8. Lorsque moise devait instaurer le souverain sacrificateur Aron, on lui mit ces pierres sur le pectoral. Mais au lieu de 9 comme avec lucifer on lui mit plutôt 12 pierres représentant les 12 tribus d'Israel. Ce qui nous montre que le service que lucifer faisait devant l'Éternel autrefois avant sa destitution, a été remis entre les mains de l'Homme. Lorsque Dieu créa l'Homme , il le plaça également dans le Jardin d'Éden(Genèse 2 :15) .Ce jardin présentait presque les mêmes caractéristiques du premier bien que ce n'était pas le même. Il se situait dans une ville pavée d'or (Genèse 2 :12). Ce qui nous montre que Dieu a retiré son royaume à lucifer quand il a péché et l'a remis entre les mains de l'Homme (du premier Homme Adam). Comme nous le savons, l'Homme a aussi péché contre Dieu est Dieu fut obliger de le chasser du jardin d'Éden comme lucifer a péché et en a été chassé. Dieu en formant l'Homme a pris soin de ce que la même chose ne se passe pas comme avec lucifer. Dieu donna une parole lors de la chute de l'Homme qui était déjà une figure de son plan pour le salut de l'Homme. Il dit dans Genèse 3 : 15 :

" Je mettrai inimitié entre toi et la femme, entre ta postérité et sa postérité: celle-ci t'écrasera la tête, et tu lui blesseras le talon "

La descendance de la femme devait un jour écraser la tête du serpent . Ici , il ne s'agit pas forcément de l'animal serpent mais plutôt de l'esprit qui a animé le serpent à égarer l'Homme (satan). Dieu montrait par là qu'Il ne devait pas destituer son royaume à la descendance de la femme comme Il l'a fait pour lucifer mais qu'un jour, l'Homme devait récupérer tout ce qu'il a perdu.

Bien des années plus tard, Dieu trouva un homme au milieu d'un peuple idolâtre dont le cœur était intègre et fit alliance avec lui et lui fit cette promesse :

Genèse 22 : 18 " Toutes les nations de la terre seront bénies en ta postérité, parce que tu as obéi à ma voix. "
Une fois que sa descendance est entrée dans la terre promise, Dieu va faire alliance avec le peuple d'Israel et va remettre le royaume des cieux maintenant au peuple d'Israel en les remettant ses lois et ses ordonnances. Quand Salomon construit le temple et que Dieu lui promit de mettre son nom sur le temple à Jérusalem, toutes les nations devaient venir dans cette maison pour rencontrer Dieu et lui adresser des prières et des sacrifices. Le royaume des cieux était donc entre les mains du peuple juif.

Le peuple juif ne garda pas son alliance avec Dieu et Dieu eu la résolution de leur enlever le royaume des cieux et de le remettre à une nation qui rendra des fruits. Quand le peuple juif ne reconnut pas Jésus, ils ont ainsi refusé d'accueillir leur roi et refuser que le royaume des cieux soit établi par eux sur cette terre. Jésus va décrire cela par la parabole des vignerons qui se trouve dans Mathieu 21 à partir du verset 33 jusqu'au verset 41.

On peut comprendre cette parabole comme suit :

- Un homme , maitre de maison = Dieu
- Les vignerons = Les prêtres en Israel
- Une vigne = le royaume des Cieux
- Le temps de la récolte = le moment de gagner des âmes pour le royaume
- Les serviteurs = Les prophètes et Juges
- Le fils = Jésus

Jésus leur dit ceci :

Mathieu 21 : 43 "C'est pourquoi, je vous le dis, le royaume de Dieu vous sera enlevé, et sera donné à une nation qui en rendra les fruits"

De même , Jésus va reprocher aux pharisiens de fermer le royaume des cieux aux Hommes :

Mathieu 23 : 13 "Malheur à vous, scribes et pharisiens hypocrites! parce que vous fermez aux hommes le royaume des cieux; vous n'y entrez pas vous-mêmes, et vous n'y laissez pas entrer ceux qui veulent entrer. "

Dieu va donc enlever le royaume des cieux à Israel pour le confier à son fils Jésus et ensuite à son église :

Jésus dit ceci :

Mathieu 16 : 18 "Et moi, je te dis que tu es Pierre, et que sur cette pierre je bâtirai mon Eglise, et que les portes du séjour des morts ne prévaudront point contre elle. Je te donnerai les clefs du

royaume des cieux: ce que tu lieras sur la terre sera lié dans les cieux, et ce que tu délieras sur la terre sera délié dans les cieux. "

Luc 22 : 28-29 " Vous, vous êtes ceux qui avez persévéré avec moi dans mes épreuves; c'est pourquoi je dispose du royaume en votre faveur, comme mon Père en a disposé en ma faveur ".

Aujourd'hui, le royaume des cieux est entre les mains de l'Église qui persévère avec Jésus et dans sa relation avec lui.

Pour bien comprendre le royaume des cieux, Jésus l'a décrit de plusieurs manières dans les évangiles. Il a pésenté le royaume de différentes manières pour montrer comment le royaume va évoluer et aussi comment il paraitra lors de son retour. Nous allons étudier quelques paraboles sur le royaume des cieux car c'est d'un mystère caché que Jésus parle .

Dans **Mathieu 13:31-32** , Jésus nous donne une parabole qui décrit le royaume des cieux à un grain de sénevé . Dans les versets suivant , Il va aussi comparer le royaume des cieux à du levain. Le grain de sénevé est de taille très petite de même que le levain . Par contre, le levain est utilisé pour faire croitre la pâte. Lorsqu'on veut faire cuire un gâteau ou des beignets, on utilise toujours de la levure pour faire gonfler la pate. Par là, Jésus nous montre comment le royaume des cieux fonctionne. Au début, il commence étant très petit, on ne voit presque pas le moment ou il est planté. Pourtant, sa fonction est de faire croitre. Quand il a crut, il devient le plus grand royaume de la terre. Jésus va encore le confirmer :

Luc 17 : 20 "Les pharisiens demandèrent à Jésus quand viendrait le royaume de Dieu. Il leur répondit: Le royaume de Dieu ne vient pas de manière à frapper les regards. "

Il commence de manière très petit mais quand il porte du fruit, il devient le plus élevé de tous les royaumes et tous viennent pour chercher un refuge.

Dans **Mathieu 13:44** , Le royaume des cieux est décrit comme étant un trésor caché dans un champ.

Le royaume des cieux est non seulement un trésor, quelque chose d'une valeur inestimmable et que celui qui en connait la valeur fait tout pour le posséder, mais le royaume est aussi quelque chose de caché. Il n'est pas exposé pour que tout le monde le voit de manière intelligente. Mais c'est celui qui creuse profondement et qui le cherche jour et nuit qui finit par le trouver. Dieu mais sa gloire à cacher les choses à la différences des rois de la terre qui mettent leur gloire à sonder les choses (Proverbes 25: 2). Jésus nous dira aussi :

Mathieu 11 : 12 "Depuis le temps de Jean-Baptiste jusqu'à présent, le royaume des cieux est forcé, et ce sont les violents qui s'en emparent "

Ici , il ne s'agit pas d'une violence physique mais plutôt une violence spirituelle contre le diable et ses agents qui veulent nous empécher d'entrer dans le royaume des cieux.

Dans **Mathieu 13:47** , la royaume des cieux est décrit comme un filet jeté dans la mer et ramassant les poissons de toutes espèces. Les pécheurs ensuite trient ce qui est bon et jettent ce qui est mauvais. Cette parabole nous montre que le royaume pour s'aggrandir est appelé à toujours jeter un filet symbole de la parole de Dieu. Au départ, beaucoup de personnes croient en la parole, mais tous ne persévèrent pas dans cette parole et s'excluent eux même du royaume. Dans le royaume des cieux, il y'a toujours deux catégories de personnes :

- Le blé et L'ivraie
- Les vierges sages et des vierges folles (On y reviendra dessus)
- Les chrétiens spirituels et des chrétiens charnels

Dans les versets suivant, Jésus nous affirme qu'il y'aura un trie à la fin du monde et l'on séparera les méchants et les justes.

Dans **Mathieu 20 : 1-16** , le royaume des cieux est comparé à un maitre de maison qui loua des ouvriers pour sa vigne, chacun à son heure. Mais lors de la paye, le maitre va donner le même salaire à chaque serviteur. Par là, Jésus nous montre que la salut est le même pour tous, que tu aie peu péché ou beaucoup péché, tu peux recevoir le salut gratuit. Parfois lorsqu'on se convertit tôt, et qu'on a passé peu de temps dans le monde, on pense souvent qu'on est supérieur aux autres parce qu'on se dit qu'on a moins péché et qu'on a plus travaillé. Le Seigneur pécise que le salut est le même pour tous et qu'il va récompenser la fidélité de chacun dans ce qui lui a été confié. Ceci est plus détaillé dans la parabole des talents dans Mathieu 25:14-30.

Dans **Mathieu 25: 1-12**, le royaume des cieux est comparé à dix vierges qui attendent un époux. Chacune d'elle avait une lampe. 5 de ces vierges étaient sages et on pris de l'huile et 5 étaient folles, car elles ont oublié de prendre de l'huile. L'époux arriva à un moment inattendu,"au milieu de la nuit", un cri se fit entendre pour les reveiller et ce fut un reveil de constatation de sa condition spirituelle. Les sages ont compris qu'elles avaient été sage et les folles comprirent qu'elles avaient été folle. Notons bien qu'avant le cris de minuit, on se savait pas qu'il y'avait ces 2 groupes dans le royaume des cieux. Le cris de minuit fut l'élément révélateur de la constatation spirituelle. Dès que le cris de minuit se fit entendre, il était trop tarp pour avoir de l'huile, car les vierges folles sont allés chercher l'huile qui les manquaient mais dès qu'ils revinrent, la porte était déjà fermé et la réponse de l'époux fut : << Je ne voous connais pas >>. Cette une parabole qui explique qu'elle sera la situation de l'Église et du royaume des cieux lors du retour de Jésus. L'Église n'est pas le royaume des cieux mais l'Église est le moyen par leque Jésus instaure son royaume sur la terre et c'est de cet ensemble de personne qui ont accepté un jour le Seigneur Jésus qu'il s'agit dans la parabole.

Le livre de l'apocalypse nous parle d'un règne de mille ans du Seigneur Jésus. (Apocalypse 20:6). La se sera l'instauration final du royaume des cieux pendant ces mille ans. Récapitulons donc l'administration du royaume des cieux :

1. Lucifer dans le tabernacle célèste et en Éden.
2. Adam dans l'Éden .
3. Le peuple d'Israel détenteur des lois de Dieu dans le pays d'Israel.
4. L'église après l'éffusion du Saint Esprit dans la chambre hote.
5. Le Seigneuur Jésus pendant le règne de 1000 ans .

Le royaume des cieux est ce pourquoi un disciple de Jésus doit travailler pour son aggrandissement.
Un disciple est un ouvrier du royaume des cieux.

Servir selon l'ordre de Melchisédek

Melchisédek apparait pour la première fois dans la Bible dans le livre de Génèse 14 au verset 18. Quand Abraham a remporté plusieurs victoire et que Dieu a multiplié ses richesse, un personnage du nom de Melchisédek le visita et Abraham lui donna la dime de tout ses revenus. Melchisédek était sacrificateur du Dieu très haut et roi de salem. Salem vient du mot shalom qui veut dire Paix et c'est aussi l'ancien nom de Jérusalem. C'est à dire qu'il était roi de la ville de Jérusalem mais à l'époque, elle ne portait pas encore ce nom. Il apporta à Abraham le pain et du vin, déjà le symbole de Jésus Christ qui devait venir.

Déjà avant le ministère de Jésus sur la terre, Dieu le Père lui fit le serment qu'Il devrait être sacrificateur pour toujours selon l'ordre de Melchisédek.

Psaume 110:4 "L'Eternel l'a juré, et il ne s'en repentira point: Tu es sacrificateur pour toujours, à la manière de Melchisédek "

Le livre d'Hébruex va nous en dire plus sur ce personnage et la définition de son nom .

Hébreux 7:1-3 "En effet, ce Melchisédek, roi de Salem, sacrificateur du Dieu Très Haut, qui alla au devant d'Abraham lorsqu'il revenait de la défaite des rois, qui le bénit, et à qui Abraham donna la dîme de tout, qui est d'abord roi de justice, d'après la signification de son nom, ensuite roi de Salem, c'est-à-dire roi de paix, qui est sans père, sans mère, sans généalogie, qui n'a ni commencement de jours ni fin de vie, mais qui est rendu semblable au Fils de Dieu, ce Melchisédek demeure sacrificateur à perpétuité "

Melchisédek est donc :

- Roi de justice de part la définition de son nom
- Roi de salem ou Roi de Jérusalem
- Sacrificateur du Dieu très haut

Le rôle du souverain sacrificateur était de présenter des offrandes et des sacrifices devant le Dieu très haut. Un rôle important était que le souverain sacrificateur était le seul autorisé à entrer dans le lieu très Saint rencontrer Dieu une fois par année pour asperger le sang des animaux sur le couvercle de l'arche de l'alliance pour le pardon de ses péchés et pour celui du peuple. Une image qui nous montre que Dieu veut des rencontres personnelles avec son souverain sacrificateur, celui qui était en alliance avec Dieu. Tout cela ne fût quue des figures de celui qui devrait venir. Car Jésus en mourant sur la croix pour nous à fait de nous des sacrificateurs du Dieu vivant (Apocalypse 1:6). Si lors de notre nouvelle naissance, Jésus vient habiter en nous par le Saint Esprit (Jean 14:23), Ceci voudrait dire que nous opérons à son même rang qui est l'ordre de Melchisédek . Pierre va le souligner dans son épitre :

1 pierre 2:9 "Vous, au contraire, vous êtes une race élue, un sacerdoce royal .... "

Ô quel joie de découvrir que Jésus le Fils de Dieu nous a fait son égal afin que nous lui ressemblons. Nous devons prendre conscience que nous sommes non seulement des sacrificateurs mais aussi des rois .

Comme dit plus haut, le souverain sacrificateur avait ce privilège de pouvoir rencontrer Dieu une fois par an. Il était en alliance avec Dieu car Il était la plus haute institution que Dieu ait institué. Voici comment était institué le souverain sacrificateur selon le livre de Lévitique au chapitre 8:

- Il devait premièrement passer par un Bain.
- Il devait recevoir l'onction et ensuite l'habit de souverain sacrificateur
- Son père devait aussi attester que c'est son fils car les souverains sacrificateurs venaient uniquement de la lignée d'Aron

Cette instauration est très simulaire à celle que Jésus a recu dans le jourdain. C'était semblable à un Baptême, mais c'était plus un transfert sacerdotale de l'ordre Lévitique (Jean Baptiste) à l'ordre de Melchisédek (Jésus).

Mathieu 3:16-17 "Dès que Jésus eut été baptisé, il sortit de l'eau. Et voici, les cieux s'ouvrirent, et il vit l'Esprit de Dieu descendre comme une colombe et venir sur lui. Et voici, une voix fit entendre des cieux ces paroles: Celui-ci est mon Fils bien-aimé, en qui j'ai mis toute mon affection"

Jésus fût plongé dans l'eau en signe de Bain

- Le Saint Esprit est descendu sur lui comme signe de l'onction
- Une voix ce fit entendre dans le ciel venant du Père témoignant qu'Il est le Fils de Dieu.

Ceci nous montre que Jésus est venu mettre fin à un service qui était celui des Lévitiques pour instaurer un nouveau service, changeant l'onction d'huile avec le Saint Eprit que nous recevons lors de notre nouvelle naissance et faisant de nous des fils du Dieu vivant que Dieu atteste. Ainsi donc l'autorité nous a été donnée. Nous avons le pouvoir d'oter le péché du monde en préchant la bonne nouvelle et pour ceux qui croiront seront pardonnées. Quand Christ reviendra, nous regnerons avec lui dans son royaume (Apocalypse 20:6).

L'Héritage du disciple

Nous avons vu dans le chapitre précédent la grande différence entre le croyant et le disciple. De même au niveau de l'héritage, il y a une grande différence. Car un croyant et encore jeune dans la foi alors qu'un disciple est déjà plus mature. Étant croyant, nous possédons déjà un héritage, mais celui du disciple est beaucoup plus grand. En fait pour être disciple, il faut d'abord être un croyant, ce qui veut dire qu' un disciple à l'héritage d'un croyant mais par contre un croyant n'a pas l'héritage d'un disciple. Au cours de ce chapitre on verra la différence.

Être croyant où croire veut tout simplement dire avoir la foi dans la parole de Dieu.la foi est définie comme une ferme assurance des choses qu'on espère une démonstration de celles qu'on ne voit pas.

Les mots clés de la foi sont : l'assurance, l'espérance, démonstration de celles qu'on ne voit pas c'est-à-dire de le invisible au visible.

Comme Héritage du croyant, nous avons:

Marc 16 : 17-18 "Voici les miracles qui accompagneront ceux qui auront cru: en mon nom, ils chasseront les démons; ils parleront de nouvelles langues; ils saisiront des serpents; s'ils boivent quelque breuvage mortel, il ne leur fera point de mal; ils imposeront les mains aux malades, et les malades, seront guéris"

Marc 9:23 " Jésus lui dit: Si tu peux!... Tout est possible à celui qui croit. "

Quand Jésus dit ici que tout est possible à celui qui croit, Il voudrait dire que la puissance de Dieu se manifeste par la foi. Par la foi, nous poouvons par exemple chasser des démons , guérir des malades et même déplacer les montagnes... Mais Dieu, c'est plus que sa puissance. Car Dieu n'a pas qu'une main puissante, Il a aussi un coeur d'amour. Ainsi donc, la puissance de Dieu se dégage par la foi, par contre on obtient l'amour de Dieu pas seulement par la foi. Il faut bien plus. C'est la raison pour laquelle à certains dans **Mathieu 25: 46** , Jésus les répond : „Je ne vous connais pas" , malgré le fait qu'ils chassaient les démons au nom de Jésus.

Le nom de Jésus dégage la puissance de Dieu et c'est tout. Si tu t'arrètes là, alors tu es un simple croyant et ton héritage se limite à manifester la puissance de Dieu.

Le disciple va beaucoup plus loin comme mentionné dans les chapitres précédents. Le disciple cherche à avoir le coeur de Dieu. Ceci lui permet aussi de pouvoir avoir une plus grande intimité avec Jésus. Son héritage est aussi beaucoup plus grand. Plusieurs versets dans la Bible mentionne l'héritage du disciple :

Mathieu 19 : 28:29 "Jésus leur répondit: Je vous le dis en vérité, quand le Fils de l'homme, au renouvellement de toutes choses, sera assis sur le trône de sa gloire, vous qui m'avez suivi, vous serez de même assis sur douze trônes, et vous jugerez les douze tribus d'Israël. Et quiconque aura quitté, à cause de mon nom, ses frères, ou ses soeurs, ou son père, ou sa mère, ou sa femme, ou ses enfants, ou ses terres, ou ses maisons, recevra le centuple, et héritera la vie éternelle"

Remarquons bien qu'ici la promesse n'est pas adressé aux personnes qui croient, mais plutôt aux personnes qui ont suivient Jésus. Suivre Jésus voudrait dire renoncer à soi même, se charger de sa croix (**Mathieu 16:24**) , Prendre le joug, porter le fardeau (**Mathieu 11:29**).

Deutéronome 28:1 "Si tu obéis à la voix de l'Eternel, ton Dieu, en observant et en mettant en pratique tous ses commandements que je te prescris aujourd'hui, l'Eternel, ton Dieu, te donnera la supériorité sur toutes les nations de la terre."

Dans les promesses de bénédictions dans ce chapitre, Dieu a mis une condition. Dieu donna ses promesses au peuple d'Israel qui avait déjà vu Dieu agir et l'avait loué. Ce qui veut dire que le peuple croyait déjà en Dieu. Mais ici, Dieu va ajouter une autre condition pour obtenir la bénédiction. Il dira „Si tu obeis „ ce qui veut dire en quelque sorte aussi de renoncer, car obéir à Dieu voudrait dire marcher selon le plan de Dieu.

C'est le cas aussi de ce que le psalmiste dit :

Psaumes 37:4 "Fais de l'Eternel tes délices, Et il te donnera ce que ton coeur désire."

La condition est de faire de l'Éternel tes délices pour recevoir ce que ton coeur désire. En d'autres termes, embrasses les plans que Dieu à pour ta vie afin d'hériter en récompense tout ce que ton coeur désire.

Il y'a de même d'autres héritages que Jésus à laisser à ses disciples comme ceci :

Jean 15:7 "Si vous demeurez en moi, et que mes paroles demeurent en vous, demandez ce que vous voudrez, et cela vous sera accordé."

De ces passages, on se rend compte qu'Il y'a des héritages réservés uniquement aux disciples. Plusieurs chrétiens restent des simples croyants et réclament l'héritage des disciples. Et ils s'étonnent de ce qu'il y'a pas de réponses. Il y'a des héritages que tu n'auras jamais si tu restes un simple croyant. Jacques dit : „...Vous demandez et vous ne recevez pas parce que vous demandez mal ..." Une manière de mal demander serait d'être croyant et de réclamer l'héritage d'un disciple chaque jour. Immagine toi un enfant de 5 ans qui a un père qui est très riche et que cet enfant vient demander une voiture à son père chaque jour. Son père ne lui donnera jamais cette voiture, pas parce qu'il ne peut pas ou parce qu'il n'aime pas son fils, juste parce qu'il est encore jeune et ne peux as encore gérer une voiture. De même, lorsque tu es encore immature spirituel, Dieu ne te donnera jamais cet héritage au risque de ce que cela te tue.

Faisons un récapitulatif entre l'héritage du croyant et du disciple :

Le croyant	Le disciple

• **Le croyant voit la puissance de Dieu** • **Le croyant n'est pas sur d'être sauvée (Mathieu 7:23)** • **Le croyant se trouve sur les parvis** • **Le croyant peut manifester uniquement la puissance du nom de Jésus.** • **Le croyant ne suit pas forcément Jésus car Jésus n'est pas forcément son maitre (Marc 9:38)** • **Le croyant est comme un serviteur**	• **Le disciple voit la gloire de Dieu** • **Le disciple est sur d'être sauvée (Mathieu 19: 28-30)** • **Le disciple se trouve dans le lieu Saint** • **Le disciple peut demander tout ce qu'il veut et Jésus lui donne toujours ce que son coeur désire** • **Le disciple est à l'image de Jésus. Il est dans le procésus pour devenir semblable à Jésus (Luc 6:40)** • **Le disciple est devenu l'ami de Jésus (Jean 15:15)**

Mon encouragement pour toi est que tu réussisses dans le chemin étroit afin de devenir un disciple affermi qui pourra hériter de toutes les bénédictions spirituelles que nous avons eu lors de notre nouvelle naissance (**colossiens 2:9**).

Conclusion:

La venue du Seigneur est proche et Jésus vient chercher une église glorieuse ! Que veut dire concrêtement une église glorieuse ? . Nous sommes le temple du Saint Esprit et Dieu habite en nous. Ce que Dieu veut lors de son retour est que nous prenons toutes nos dispositions afin qu'Il puisse manifester toute sa gloire à travers nous. L'étappe de devenir un disciple est justement la marche vers la gloire de Dieu . C'est un chemin étroit ou nous aurons plusieurs oppressions au début mais dès que l'on se positionne en tant que disciple de Jésus Christ nous devenons des personnes inébranlables. Le renoncement est la première étappe et est très capitale pour le succès de notre marche de discipolat. Le renoncement est comme la fondation de notre marche de disciple. La première chose des appelés de Jésus(disciples) furent de renoncer à ce qu'ils possèdent. De même nous aussi nous devons renoncer à nous même. Car étant quitté du royaume des ténèbres au royaume de la lumière, i lest important que nous soyons vidé de notre ancienne mentalité ou notre ancienne manière de penser pour embrasser la manière de penser du royaume des cieux qui est très différentes. Ma prière pour toi est que le Saint Esprit te donne la force de renoncer le moment ou tu sentireas l'appel de Jésus. Une fois que l'on a renoncé, il faut placer des fondements solides du royaume. Nous devons renouveller notre pensé et nour armer de la pensée de Christ. Nous devons développer une foi sans trou , c'est à dire une foi qui vous permettra d'être équilibrée spirituellement, d'ou les dimensions de la foi. Ne négligeons aucun domaine de notre vie car Dieu veut agir dans chaque domaine et se glorifier pleinement dans votre vie. Le Seigneur veut que votre joie soit parfaite raison pour laquelle il se glorifiera dans tous les domaines. Il est aussi important de connaitre son héritage en tant que disciple, car ceci te donnera la force de continuer dans les moments difficiles.

Sujets de prière:

- Prie pour pouvoir avoir la force de renoncer au monde et aux plaisirs du monde afin de pouvoir embrasser Christ comme Seigneur de ta vie.
- Prie pour pouvoir être obéissant lorsque le Seigneur prendra le contrôle de ta vie. Il te conduira parfois dans des déserts mais prie pour avoir la patience.
- Prie pour devenir un ouvrier de Christ qui porte vraiment son fardeau.
- Prie pour avoir la force de devenir un intime de Jésus Christ.
- Prie pour avoir la capacité de bien s'affermir dans la parole de Dieu.
- Prie pour avoir la sagesse de développer ta foi dans toutes les dimensions afin d'avoir de l'équilibre spirituel.
- Prends l'engagement d'aimer le Seigneur plus que tout et de lui donner tout ton coeur .
- Prie pour être celui qui se disposera toujours pour faire avancer le royaume des cieux.

Printed by Books on Demand GmbH, Norderstedt / Germany